Michael Rudolph
Susanne Leinemann

Wahnsinn Schule

Was sich dringend ändern muss

Rowohlt · Berlin

Originalausgabe
Veröffentlicht im Rowohlt · Berlin Verlag, Februar 2021
Copyright © 2021 by Rowohlt · Berlin Verlag GmbH, Berlin
Satz Abril bei Pinkuin Satz und Datentechnik, Berlin
Druck und Bindung CPI books GmbH, Leck, Germany
ISBN 978-3-7371-0094-6

Die Rowohlt Verlage haben sich zu einer nachhaltigen Buchproduktion verpflichtet. Gemeinsam mit unseren Partnern und Lieferanten setzen wir uns für eine klimaneutrale Buchproduktion ein, die den Erwerb von Klimazertifikaten zur Kompensation des CO_2-Ausstoßes einschließt.
www.klimaneutralerverlag.de

Inhalt

Ein Schloss für Schüler 9

Mut zum Wesentlichen 15
    Es fehlen die Grundlagen 17
    Das breite Versagen der Schule 21
    Das Theater mit der Schulinspektion 30
    Von der Arbeiterbewegung lernen 40
    Wo stehen wir jetzt? 46

Die Sache mit den Regeln 49
    Ohne Erziehung geht es nicht 51
    Schule muss machbar bleiben 56
    Und wenn sich jemand nicht an die Regeln hält? 60
    Nicht wegschauen! 65

Lehrjahre im Chaos 69
    Lehrer im Reservat Kreuzberg 71
    Unterricht an der «Restschule» 76
    Die schleichende Desillusionierung der fortschrittlichen Lehrer 80

So geht es nicht weiter! 89
    Das ewige Problem der «Brennpunktschulen» 91
    Schule? Lohnt doch nicht 96
    Handeln oder untergehen 99
    Hilfe, der «Bolle» brennt! 105

Neue Lösungswege 111
Gewalt an der Schule 113
Wer wollen wir als Schule sein? 117
Als Team arbeiten 122
Schwarz-Rot-Gold im tiefsten Kreuzberg 125

Vielfalt braucht Gemeinsamkeit 131
Die Sache mit dem Kopftuch 131
Plötzlich heterogen? 140
«Alle Religionen seindt gleich und guth» 146
Wechselhafte Dominanzkultur 152

Was ist richtig? 155
Angezählt 156
Durchgreifen und ansprechbar bleiben 161
Der enge Kontakt zu den Eltern 163
Autorität sein, aber nicht autoritär 168
Theorie und Wirklichkeit 171
«Arbeiten? Ich werde YouTuber!» 177

Miteinander 181
Das Kastensystem der deutschen Bildung 182
Die Mischung macht's 187
Kulturschock. Vom Gymnasium in eine andere Welt 189
Vom Segen der Stille 196
Lehren aus Corona: Hauptsache digital? 202

Die Grenzen der Schule   211
 Die Schule ersetzt nicht die Eltern   212
 Einfach vorleben!   219
 Manchmal dauert es länger   226
 Die Ganztagsschule soll alles retten   231
 Schule – Lernort oder Lebensort?   237

Und wieder ein Anfang   241

Literatur   249

Ein Schloss für Schüler

Ein Spätsommertag im August, die Schule steht heute leer. Nein, nicht wegen Corona, noch ist das Virus unbekannt. Heute haben sich alle Klassen zu einem ganz normalen Wandertag aufgemacht. Eben hat der Hausmeister die Schulglocke ausprobiert, irgendetwas hakte dort, eine Weile klingelte es mehrmals hintereinander. Nun ist Ruhe. Allerdings nur bis der Hausmeister das mechanische Grammophon aus dem Schulmuseum herausträgt und auf die Treppe des Schulportals stellt. Er legt eine Schellackplatte auf, kurbelt, und aus dem Trichter erklingt Tanzmusik der 20er Jahre. Inzwischen hat er sich einen Gartenstuhl hervorgezaubert, sitzt vor dem Eingang der Schule in der Sonne, hat die Augen geschlossen und genießt die schon leicht herbstliche Wärme. Um ihn herum blüht farbenstark der Oleander, der links und rechts vom Schuleingang gepflanzt ist.

Leute bleiben stehen, die gerade noch an diesem Wochentag über den Perelsplatz gehetzt sind. Spaziergänger, Einkäufer, Anwohner hier aus Friedenau, einem bürgerlichen Viertel im Südwesten Berlins. Sie genießen die Musik, betrachten vergnügt unseren tiefenentspannten Hausmeister, bewundern den Anblick des schönen und prächtigen Gebäudes aus der Kaiserzeit, das immer nur einen einzigen Zweck hatte: eine gute Schule für Schüler zu sein. Viele Sinnsprüche an der Fassade weisen auf das Bestreben hin. «Es fällt kein Meister vom Himmel», «Ohne Fleiß kein Preis» und «Wie die Saat, so die Ernte» stehen dort in Stein gemeißelt. Mancher Betrachter fragt an diesem Mittag nach, ob man mal einen Blick ins Innere werfen dürfe. Wir laden die Besucher herzlich in unser Schulschloss ein.

Denn ein Schloss für Bildung ist es; die Friedrich-Bergius-Schule so zu nennen ist kaum übertrieben. An den üppigen Säulen im Innenraum finden sich kleine Wappen für jedes Schulfach – der Erlenmeyerkolben für Chemie, eine Figur aus geometrischen Formen für Mathematik, eine Eule für Philosophie. Schön und prächtig ist das Treppenhaus, sind auch die breiten Flure, die aber plötzlich in Verruf gekommen sind. Kaiserzeitliche Flurschulen gelten dem heutigen Zeitgeist als gestrig, als steinerne Überreste einer vergangenen, dunklen pädagogischen Epoche der Schülerunterdrückung. «Die Flurschule des 19. Jahrhunderts wurde einst für den Paukunterricht des 19. Jahrhunderts gebaut. Pädagogik war passiver Nachvollzug staatlich vorgegebenen und verordneten Wissens», so verurteilt sie beispielsweise der Bildungsforscher Jörg Ramseger. Aber unsere Schüler lieben diese alte Schule mit ihrer prächtigen sandsteinfarbenen Fassade, den riesigen Fenstern und gerade auch den breiten Fluren, in denen sie nach jeder Schulstunde aneinander vorbeiströmen.

Womöglich bleiben einige Besucher vor der Wand mit den Bildern ehemaliger Schüler stehen. Egon Bahr, der

SPD-Politiker und enge Vertraute Willy Brandts, ging hier zur Schule, auch Peter Lorenz, der Berliner CDU-Politiker, der 1975 von der «Bewegung 2. Juni» entführt und in einem Kreuzberger Keller festgehalten wurde. Das Porträt des Theaterkritikers Friedrich Luft hängt hier, auch das von Karl-Eduard von Schnitzler, später auch Sudel-Ede genannt, der jahrelang im «Schwarzen Kanal» des DDR-Fernsehens polemisch westdeutsche Fernsehausschnitte kommentierte. Sie alle und viele mehr gingen hier zur Schule, damals beherbergte das Gebäude noch das Friedenauer Gymnasium für Jungen.

Nach dem Krieg zog eine Realschule in das Gebäude. Die Schülerschaft veränderte sich mit den Jahrzehnten radikal. 2005 stand die Realschule vor dem Aus – zu viel Gewalt, kaum Anmeldungen, zu viele Schulabbrecher. Selbst die Lehrer trauten sich damals nicht mehr, ihre Autos in der Nähe der Schule zu parken. Zu groß war die Befürchtung, am Ende des Schultages einen abgetretenen Außenspiegel vorzufinden. Aus Angst vor den eigenen Schülern schlichen sie nach Schulschluss über Hintereingänge aus der Schule. Das große prächtige Schulportal war fest in der Hand aggressiver, ungebändigter Schüler, die mächtigen Säulen links und rechts waren mit Graffiti beschmiert. Der damalige Direktor wusste sich nicht anders zu helfen, als die Schmierereien mit weißer Wandfarbe zu übertünchen, die grell und alarmistisch vom ruhigen Sandstein abstach. Am nächsten Tag waren die Graffiti wieder da, wieder wurden Quast und weiße Farbe hervorgeholt. So ging es Schicht für Schicht. Niemand mehr aus Friedenau meldete freiwillig sein Kind hier an.

Das ist heute radikal anders. Unsere Schule hat inzwischen mehr Anmeldungen als Plätze, sie ist seit Jahren übernachgefragt. Unsere Schüler sind stolz, hier zu sein. Und wir, die Lehrer, sind stolz auf sie. Fast alle erreichen am Ende einen Abschluss, fast die Hälfte verlässt sogar nach der zehnten Klasse mit einer Gymnasialempfehlung in der Tasche unsere Schule und macht sich auf den Weg zum Abitur. Dabei fallen wir unter die Kategorie «Brennpunktschule» – viele unserer Schüler stammen aus Familien, in denen nicht viel Geld vorhanden ist, über siebzig Prozent sprechen zu Hause kaum oder gar kein Deutsch. Der Schulalltag ist für alle fordernd, für die Schüler, aber auch für die Lehrer, die Sozialpädagogen, die Sekretärin, den Hausmeister, auch die Putzfrauen. Wir alle ziehen an einem Strang, weil wir das Gleiche wollen: unseren Schülern genügend Wissen und ein gutes Sozialverhalten vermitteln, damit sie später wirkliche Chancen im Beruf haben, um so ein selbstbestimmtes Leben zu führen und am Ende verantwortungsvolle, meinungsstarke und kraftvolle Bürger zu werden.

In diesem Buch will ich zusammen mit meiner Co-Autorin Susanne Leinemann, deren frischer Blick von außen half, erzählen, wie wir in den letzten Jahren in der Schule gearbeitet haben. Dennoch soll hier nicht ein einziges pädagogisches Konzept propagiert werden, denn uns ist immer bewusst: Es geht auch ganz anders. Jede Schule ist eine andere. Eine Grundschule arbeitet unter anderen Voraussetzungen als ein Gymnasium, eine Hauptschule kämpft mit anderen Problemen als eine Gemeinschaftsschule. Es gibt kein Rezept für alle.

Und doch gibt es etwas, das uns eint. Verschiedene Schulen mögen verschiedene Wege gehen, aber alle Wege sollten ein gemeinsames Ziel haben: Wissen zu vermitteln und ein gutes Sozialverhalten zu entwickeln. Es geht um Leistung und um das Miteinander. Es gibt zwei Fragen, die sich jede Schule, jedes Kollegium immer wieder stellen muss, Jahr für Jahr: Haben meine Schüler genügend gelernt? Und handeln sie umsichtig? Das ist es, was für die Absolventen am Ende wirklich zählt. Was die Eltern umtreibt und was die Ausbilder, Professoren und Arbeitgeber später erwarten. Spätestens das Coronavirus und seine lebensgefährliche Ausbreitung hat uns gezeigt, wie schnell die Dinge existentiell werden können und wie sehr man sich dann in einer Gesellschaft aufeinander verlassen muss; wir brauchen die gut ausgebildeten jungen Erwachsenen dringend, ob als Supermarkt-Angestellte, Ärzte, Erzieher oder Feuerwehrleute, die in solchen Momenten mit Übersicht und Disziplin handeln – aus ihrem Können heraus. In der Pandemie wurde uns deutlich vor Augen geführt, wie stark man in einer Gesellschaft aufeinander angewiesen ist, wie wichtig es ist, dass alle wissen, was sie tun müssen. Die Basis dafür wird früh gelegt. Die Botschaft ist deshalb klar: Eine Schule, in der nicht gelernt wird, ist nutzlos.

Wir können es nicht verantworten, dass junge Menschen jahrelang in einer Schule herumsitzen und dann als Auszubildende im Elektrobereich nicht wissen, was das Ohm'sche Gesetz ist, oder als zukünftige Kaufleute mit dem Dreisatz völlig überfordert sind oder keinerlei Chancen auf eine Ausbildung als Maler und Lackierer haben, weil sie schon am Einstellungstest scheitern. Und Abiturienten in die Welt entlassen, denen grundlegende Fähigkeiten für das Studium fehlen, die schon beim Verfassen einfachster akademischer Texte scheitern. Wie viele Talente gehen der Gesellschaft verloren, weil die Schulen – nicht die Schüler – versagt haben, weil schlicht zu wenig gelernt wurde. Mir scheint, diese Frage ist in den letzten Jahren in Vergessenheit geraten. Zeit, sich wieder daran zu erinnern.

Mut zum Wesentlichen

Es gibt eine einfache Aufgabe, die zwei Drittel unserer neuen Schüler jedes Mal an ihre mathematischen Grenzen bringt. Mit jedem, der nach der Grundschule zu uns kommen will und der sich hier bewirbt, führe ich anfangs ein Gespräch, damit wir uns gegenseitig kennenlernen. Da stelle ich unsere Schule vor, unsere Ideen, versuche, mit der Schülerin oder dem Schüler ins Gespräch zu kommen. Ich schaue mir die Zeugnisse an und erkundige mich bei den begleitenden Eltern, der Mutter oder dem Vater, nach ihren Erwartungen an uns. Natürlich geht es auch um die Frage, wie war die Grundschulzeit, was wurde gelernt, wo gibt es noch etwas nachzuholen. Und häufig frage ich dann: «Kannst du mir sagen, was 3 × 9 ist?»

Mir ist bewusst, wie aufgeregt viele Schüler in diesem Moment sind. Für die meisten ist dies der erste formalere Moment in ihrem Leben, das erste kleine Bewerbungsgespräch. Wir sitzen an einem langen alten Tisch in meinem Schulleiterzimmer mit der Fensterfront zum Perelsplatz, einem weitläufigen und im Sommer sehr grünen Platz, umgeben von Gründerzeithäusern. An der Rückseite meines Büros findet sich eine ausladende Bücherwand voller historischer Bände, mehr Bücher, als die meisten unserer Schüler jemals in einem Raum gesehen haben, außer in einer Bibliothek. Der Bundespräsident blickt uns im Porträt von der Wand an. Überall Schulakten und Papiere. Ein großes Schwarz-Weiß-Bild lehnt vor den Büchern, es zeigt den Widerstandskämpfer Friedrich Justus Perels, einen engen Freund Dietrich Bonhoeffers, 1937 heiter auf einem Wanderausflug mit Schülern. Auch Perels, der kurz vor Kriegsende von der SS erschossen wurde, war in der demokratischen Weimarer Zeit hier in diesem Gebäude zur Schule gegangen. Es ist eine freundliche, aber durchaus auch offizielle Atmosphäre. Das ist beabsichtigt, denn dies ist ein traditionsreiches Amtszimmer. Es atmet Geschichte.

Aber «3 × 9» ist keine schwere Frage. Man muss wissen, unsere Schulbewerber kommen aus der sechsten Klasse. In Berlin, das ist eine Besonderheit, dauert die Grundschule nicht vier, sondern sechs Jahre. Das ist keine Neuerung der letzten Jahre, sondern war eine Nachkriegsentscheidung – 1951 wurde es im Westberliner Schulgesetz so festgelegt. Ein Reformschritt, der in gewisser Weise seiner Zeit voraus war. Die Idee schon damals: Die Schülerinnen und Schüler sollten länger zusammen lernen, bevor sich ihre Bildungswege trennen. Man reagierte damit auch auf die Schulpolitik Ostberlins, wo alle ja noch länger gemeinsam lernten. Es sitzen vor mir also Elf- und Zwölfjährige, die sich nun mit einer einfachen Rechnung herumschlagen. Sollten sie nach der zehnten Klasse die Schule verlassen und eine Lehre beginnen, dann haben sie jetzt schon fast sechzig Prozent ihrer Schulzeit hinter sich.

«3 × 9», eigentlich müsste die Antwort prompt folgen. Bei einem Drittel unserer Anwärter klappt das auch. Aber für die anderen ist diese Aufgabe kaum zu lösen. Es wird geraten, getippt, behauptet, entschuldigt, geschwiegen, es werden die Finger zu Hilfe genommen, es wird an die Decke geschaut. Nach längerer Pause, mit viel Anstrengung und einigen Fehlversuchen kann meist ein weiteres Drittel eine korrekte Antwort geben: 27. Es gibt keine andere. Da kann man sich nicht rausdiskutieren. Vom letzten Drittel kommt nichts. Die haben wirklich überhaupt keine Ahnung, wie die Lösung lauten und wie sie zu ihr gelangen könnten.

Es fehlen die Grundlagen

Jetzt kann man natürlich mit dem Kopf schütteln und sich denken, der Mann übertreibt. So schlimm kann es nicht sein. Womöglich hat man selbst Kinder und erinnert sich vergnügt an lange Urlaubsfahrten im Auto, wo das Einmaleins wie ein Quizspiel geübt wurde. Denkt an Karteikarten, Computerlernspiele, kleine Belohnungen. Oder das Kind hatte tollen Unterricht in der Schule, das Einmaleins wurde immer wieder wiederholt, bis es saß. 3 × 9? Wer bitte soll das am Ende der sechsten Klasse nicht flott lösen können?

Die Antwort ist einfach: diejenigen, die es nicht genügend eingeübt haben. Das Einmaleins ist ja eine sehr alte Rechenmethode. Schon die Ägypter der Pyramidenzeit konnten multiplizieren. Wir haben also Tausende Jahre pädagogischer Erfahrung, wie man es lernt. Und offenbar wurde bislang nur eine einzige funktionierende Methode gefunden, nämlich: sich hinzusetzen und zu büffeln. Erst verstehen, dann üben und wiederholen, bis es sitzt. Denn das kleine Einmaleins ist eine mathematische Grundlage, ohne die kein Schüler an einer weiterführenden Schule auskommt. Es gehört zum mathematischen Alphabet, egal welcher Abschluss angestrebt wird, egal wie er im jeweiligen Bundesland heißt: Hauptschulabschluss, Berufsbildungsreife, MSA, Mittlere Reife, Abitur. Wer das kleine Einmaleins nicht beherrscht, gerät ins Hintertreffen. Und die wenigsten haben eine Familie zu Hause, in der so etwas in der Freizeit geübt wird. Offenbar hat auch nicht jeder einen Unterricht gehabt, in dem dieses Manko ausgeglichen wurde.

Es fehlt unseren Schülern an Grundlagen. Das liegt nicht an den Schülern, denn die sind nicht unbegabter oder gar dümmer als frühere Generationen. Es liegt an der Schule, wenn in vielen Bereichen, nicht nur in der Mathematik, bei ganz einfachen, aber fundamentalen Dingen versagt wird. Unsere neuen Siebtklässler, die zu uns kommen, wissen häufig kaum, wie man einen Hefter führt. Sie können nicht mit einem langen Lineal umgehen, haben Schwierigkeiten, einen rechten Winkel zu zeichnen, überhaupt sauber zu arbeiten. Sie haben nie gelernt, bei dem, was sie tun, sorgfältig zu sein. Einfache Aufgaben, wie ein Inhaltsverzeichnis anzulegen, überfordern sie. In dreißig Minuten bringen manche nur ein paar holprige Linien auf das Papier.

Es ist schwer, mitanzusehen, wie schnell einige beim Schreiben ermüden. Ein DIN-A4-Blatt soll mit Text gefüllt werden, mit jeder Zeile wird die Schrift mancher Schüler zittriger und gröber, so als hätten diese Jugendlichen einen Alterstremor. Dabei sind sie nur schlicht ungeübt im Schreiben, es fehlt ihnen die Feinmotorik. Was nicht weiter verwundert, denn viel zu häufig müssen Grundschüler in Arbeitsheften und auf Arbeitsblättern nur noch Lückentexte ausfüllen, also höchstens ein Wort, eine fehlende Endung oder wenige Silben schreiben. Ein Lückendiktat, bei dem nur Leerstellen gefüllt werden müssen, sei für «schwächere Schreiberinnen und Schreiber» besonders fair, heißt es in einer Empfehlung der Kultusministerkonferenz, weil «der Schreibaufwand begrenzt» sei. Oder man meidet das Schreiben gleich ganz und lässt einfach die richtige Antwort ankreuzen: A, B oder C. Niemand muss sich wundern, wenn dann in der siebten Klasse vielen unserer Schüler die Schreibpraxis fehlt. Das gilt übrigens genauso für das Lesen. Wer gut lesen will, muss anfangs üben, am besten täglich. Dann gelingt es später, auch längere, kompliziertere Wörter flüssig vorzulesen. Aber das wird zu selten getan.

Ob Sport, Erdkunde, Biologie, Chemie oder Englisch, überall fehlt die Basis. Es kommen Siebtklässler zu uns, die haben in Erdkunde niemals einen Atlas aufgeschlagen. Wenn sie Landkarten ausmalen sollen, sieht es so wild aus, als befänden wir uns in der Hochzeit des Expressionismus. Schüler tauchen auf, die im Naturwissenschaftsunterricht der fünften und sechsten Klasse nie von CO_2 gehört haben, geschweige denn von Kohlenstoffverbindungen. Wir haben Zwölfjährige, die auch nach Jahren des Unterrichts keinen einfachen Satz in Englisch bilden können. In der Sportstunde haben die Sportlehrer aufgehört, eine Rolle vorwärts von den Schülern zu fordern – zu viele schaffen sie nicht mehr, von der Rolle rückwärts ganz zu schweigen. Biologie-Lehrblätter, die noch in den 90er Jahren in der Hauptschule bearbeitet wurden, wären heute bei uns selbst in der zehnten Klasse undenkbar: zu komplex. Und in unseren Werkstattkursen, in denen die Klasse an Bohrmaschinen und Kreissägen steht, um etwas herzustellen, haben die Pädagogen inzwischen Angst um die Gesundheit ihrer Schüler, weil ihre Feinmotorik zu schlecht ausgebildet ist und die Konzentration zu schnell nachlässt.

Nochmals: Den Schülern werfe ich das nicht vor, an ihnen liegt es nicht. Seit über vierzig Jahren arbeite ich als Lehrer, seit vielen Jahrzehnten auch als Schulleiter, und ich durfte in den vielen Jahren Tausende Schüler kennenlernen. Meiner Erfahrung nach gibt es heute wie damals kaum Schüler, die nicht das Zeug dazu haben, am Ende einen Schulabschluss zu schaffen. Aber sie können es nur schaffen, wenn bis zur zehnten Klasse zumindest die Grundlagen in den Kernfächern sitzen. Doch das tun sie oft nicht mehr. Die Folge ist: Wir weichen die Standards auf, senken das Niveau der Abschlussprüfungen. Auch das gilt für alle Schulformen, sogar für das Abitur.

Es ist wie mit der Handschrift. Wenn Schüler nicht flüssig schreiben können, wenn das Schriftbild katastrophal ist, dann empfiehlt die moderne Pädagogik: Reduzieren wir einfach die Schriftanteile im Alltag und in den Prüfungen, damit es die Schwächeren leichter haben. Der bessere Weg wäre aber zu sagen: Lasst uns mit den Schülern so lange üben, bis sie in der Lage sind, problemlos zu schreiben. Dafür müssten die Schüler aber bereit sein, zu lernen und sich anzustrengen. Und wir als Pädagogen müssten ihnen auch mal im Nacken sitzen und sie fordern. Damit sie auf längere Sicht erleben, wozu sie fähig sind. So wie es jetzt oft zugeht, lernen sie lediglich: Ich kann es einfach nicht.

Das breite Versagen der Schule

Es gibt genügend Untersuchungen, die nachweisen, dass unsere Schüler auch in normalen Schuljahren ohne pandemiebedingten Unterrichtsausfall in der Breite zu wenig lernen. Zuletzt bescheinigte der IQB-Bildungstrend von 2018 – IQB steht für «Institut zur Qualitätsentwicklung im Bildungswesen» –, dass es um die mathematischen und naturwissenschaftlichen Kompetenzen der Neuntklässler in diesem Land nicht gut steht. Getestet wurden bundesweit 44 941 Schüler dieses Jahrgangs durch alle Schulformen hindurch, per Zufallsprinzip ausgewählt. Die nur scheinbar gute Nachricht: Deutschlandweit erreichten durchschnittlich fast fünfundvierzig Prozent einen mathematischen Regelstandard oder besser. Regelstandard wird von der Kultusministerkonferenz (KMK) als das definiert, was an Leistung von Schülern zu diesem Zeitpunkt eigentlich zu erwarten sein sollte – unser Bildungsstandard also. Die Schüler müssen in diesem Moment der neunten Klasse noch nicht alles wissen, sie haben ja noch ein Jahr bis zum Mittleren Schulabschluss. Aber sie sollten schon eine bestimmte Zwischenetappe erreicht haben. Wer unter dem Regelstandard liegt, erfüllt lediglich den

Mindeststandard oder dümpelt gar in der Kategorie «unter Mindeststandard». Und das ist die schlechte Nachricht. Denn im letzten Bildungstrend blieben also bundesweit fünfundfünfzig Prozent der getesteten Schüler unter dem Regelstandard, rund vierundzwanzig Prozent erreichten noch nicht mal den Mindeststandard.

Noch bedrückender: Das ist der Bundesdurchschnitt, eine Zahl, die nur bedingt die Realität in vielen Bundesländern widerspiegelt. Denn das Gefälle zwischen den Bundesländern ist groß. Während in Sachsen und Bayern über die Hälfte der Schüler mindestens den Regelstandard erreichte, gelang das in Bremen nur knapp neunundzwanzig Prozent der getesteten Schüler. Nicht viel besser war das Ergebnis im Saarland, in Berlin und Mecklenburg-Vorpommern. Man muss sich das sehr klar verdeutlichen: Sechzig bis siebzig Prozent der Schüler schaffen es in diesen Bundesländern nicht, eine «durchschnittliche» Leistung zu erreichen, die zu diesem Zeitpunkt von ihnen erwartet werden kann. Denn der Mindeststandard ist lediglich, laut IQB, «ein definiertes Minimum an Kompetenzen». Wer also «unter Mindeststandard» – in Bremen vierzig Prozent, in Berlin vierunddreißig – bleibt, verfügt noch nicht mal über ein Minimum von Wissen. Da bleibt nicht viel.

Und es lohnt sich, noch genauer hinzuschauen. Denn die besseren Zahlen werden hauptsächlich von einem Schultyp gespeist: dem Gymnasium. Deren Ergebnisse aus dem Bildungstrend werden separat aufgeführt. Schaut man sich nun die gymnasialen Zahlen an, so haben plötzlich im Bundesdurchschnitt über achtzig Prozent der getesteten Schüler in Mathematik den Regelstandard, Regelstandard plus oder gar einen Optimalstandard erreicht. Interessanterweise gibt es auch hier eine unglaubliche Spanne zwischen den einzelnen Bundesländern. Während in Sachsen und Bayern über neunzig Prozent der getesteten Gymnasiasten im Mittel- und Spitzenfeld liegen, sind es in Bremen und Berlin lediglich rund sechsundsechzig Prozent. Die Studie spricht offen aus, dass sich auch für Deutschlands Gymnasien eine «ungünstige Entwicklung» abzeichne, sowohl in Mathematik als auch in den naturwissenschaftlichen Fächern Chemie, Physik und Biologie. Denn die Spitzenleistungen nähmen zunehmend ab. Aber insgesamt scheint der Bundesdurchschnitt von einundachtzig Prozent der gymnasialen Neuntklässler, die einigermaßen Ahnung von Mathe haben, beruhigend hoch.

Doch was heißt das für die restlichen weiterführenden Schulen, wenn die starken Zahlen eigentlich nur von einer Schulform zu kommen scheinen? Im vierhundertfünfzig Seiten starken IQB-Bericht des Bildungstrends sucht man vergeblich nach einer Tabelle, in der nur Ergebnisse weiterführender Schulen ohne die Gymnasiasten aufgelistet werden. Es gibt sie nicht. Das wird damit begründet, dass das Gymnasium die einzige Schulform sei, die in allen Bundesländern einheitlich existiere. Deshalb könne man dort problemlos deutschlandintern vergleichen. Tatsächlich findet man bei den anderen weiterführenden Schulen ein buntes Sammelsurium vor, jedes Bundesland hat da ein anderes Konzept. Von der traditionellen Haupt- und Realschule über die Werkrealschule, Sekundarschule oder Regionalschule bis hin zur Stadtteilschule und Oberschule. Aber trotzdem frage ich mich: Wo liegt das Problem, auch diese Zahlen zu errechnen? Vermutlich darin, dass die Ergebnisse für alle anderen weiterführenden Schulen, rechnet man einmal die Gymnasiasten heraus, so ernüchterten, dass die Zahlen öffentlich nur noch schwer vermittelbar wären.

In der letzten PISA-Studie von 2018, als Deutschland wieder im Ranking irgendwo im Mittelfeld der OECD-Staaten dümpelte, fanden sich im Bericht aufschlussreiche Balkendiagramme zu den Kompetenzstufen fünfzehnjähriger deutscher Schüler in Mathematik und Naturwissenschaften. Die sieben Balken der nicht gymnasialen Schularten sind dort hellblau, die sieben des Gymnasiums dunkelblau gekennzeichnet. Würde man die farblich zusammengehörigen Balken an der Spitze miteinander verbinden, so käme jeweils eine Parabel heraus – Aufstieg, Scheitelpunkt, Abfall. Allerdings liegen die beiden Parabeln verschoben voneinander, die Schnittmengen sind klein. Während das Gymnasium eindrücklich und fast ausschließlich den Bereich der sehr soliden und sehr starken Leistungen abdeckt, finden sich alle anderen Schultypen im Zentrum des schwachen und schwächeren Bereichs. Auch bei der Lesekompetenz erreichen die Gymnasialschüler im PISA-Test 2018 deutlich mehr Punkte als die Schüler nicht gymnasialer Schularten. «Die Differenz zwischen den beiden Gruppen in Höhe von 120 Punkten entspricht einem Lernunterschied von geschätzt drei Schuljahren», schreibt der Pädagoge Werner Klein, der beim Sekretariat der Kultusministerkonferenz die Abteilung Qualitätssicherung leitet. Knapp dreißig Prozent dieser Schüler bewegten sich an den weiterführenden Schulen lesend weiterhin auf Grundschulniveau. In diesem Land stimme etwas nicht mit der Bildungsgerechtigkeit, folgert Klein. Zu viele Schüler bleiben weit unter ihren Möglichkeiten.

Das lässt sich in den einzelnen Bundesländern auch ganz konkret mit Prozentzahlen unterlegen. So wurden 2015/16 Berliner Achtklässler mit VERA 8 – was wie ein weiblicher Vorname klingt, ist die Abkürzung für «Vergleichsarbeiten» – auf ihre, wie es heute gerne heißt, «Kompetenzen» getestet. Die Teilnahme an diesen Vergleichstests ist an allen öffentlichen Schulen der Stadt verpflichtend. In Berlin werden zwei Versionen dieser Testhefte ausgegeben: eine schwerere für die Gymnasien, eine leichtere für alle anderen weiterführenden Schulen, die ja vom überwiegenden Teil der Hauptstadtschüler besucht werden. Das Ergebnis bei der leichteren Version? In Mathematik erreichten damals achtundsechzig Prozent der getesteten Achtklässler nicht einmal die Mindestanforderungen, blieben also unter dem Mindeststandard. Seitdem werden die VERA-8-Ergebnisse in Berlin wohlweislich unter Verschluss gehalten. Allerdings legte eine Expertenkommission für Schulqualität, die zuletzt in der Hauptstadt eilig einberufen worden war, um das Bildungsniveau in Berlin irgendwie anzuheben, im Herbst 2020 offen, wie es genau mit diesen Schülern weiterging: «Bei der Prüfungsarbeit zum Mittleren Schulabschluss erreichten im Fach Mathematik in 2018 mehr als vierzig Prozent der Schülerinnen und Schüler der Integrierten Sekundarschulen und der Gemeinschaftsschulen nur die Note mangelhaft oder ungenügend.» Kein Wunder.

Auch in anderen Bundesländern sieht es an den weiterführenden Schulen – mit Ausnahme der Gymnasien – kaum besser aus. Als 2019 die baden-württembergischen Achtklässler von Haupt- und Werkrealschulen mit VERA 8 auf ihre mathematischen Kenntnisse geprüft wurden, lagen fast achtzig Prozent unter dem Regelstandard speziell für ihren Schultyp, knapp die Hälfte davon hatte dabei noch nicht einmal den Mindeststandard für einen Hauptschulabschluss geschafft; und auch an den klassischen Realschulen blieben noch sechsundsiebzig Prozent der Schüler unter dem Regelstandard, den man erreichen sollte für einen späteren Mittleren Schulabschluss. Die Gemeinschaftsschulen, an denen ja gemeinsam gelernt wird, gaben ebenfalls ein sehr durchwachsenes Bild ab – nur vierzehn Prozent schafften hier den Regelstandard oder mehr für einen Mittleren Schulabschluss. Nicht besser im Norden. Dreiundsechzig Prozent der Achtklässler in Hamburger Stadtteilschulen erreichten 2017 nicht den Mindeststandard in Mathematik, als es um das Ziel Mittlere Reife ging. In Schleswig-Holstein erbrachten die Ergebnisse der Vergleichsarbeit VERA 8 in 2019, dass an den weiterführenden Schulen ohne Gymnasium in Mathematik die Gruppe der «Risikoschüler oder potenziellen Risikoschüler» bei fast fünfzig Prozent liegt, wenn die einen «Ersten Allgemeinbildenden Abschluss» anstreben, sprich: den Hauptschulabschluss. Geht es dagegen um den Mittleren Schulabschluss, wächst die Gruppe der Schüler, die nicht den Regelstandard erreichen, auf neunundsiebzig Prozent an. Das heißt, nur rund zwanzig Prozent dieser Schüler lagen zu dem Zeitpunkt im grünen Bereich – ganz anders als an den Gymnasien dort oben im hohen Norden, wo trotz schwererer Aufgaben im Testheft fast achtzig Prozent den Regelstandard in Mathematik oder besser schafften. Und auch in Deutsch – im Lesen, Textverständnis oder Orthographie – sind die Werte für Schüler weiterführender, nicht-gymnasialer Schulen in den einzelnen Bundesländern ernüchternd.

«Wir wissen, dass eine nicht unbeträchtliche Anzahl von Schülern die Bildungsstandards nicht erreicht», räumte Ilka Hoffmann, Hauptvorstandsmitglied der Gewerkschaft Erziehung und Wissenschaft, in einer VERA-kritischen Broschüre ein. Um aber gleich danach die verpflichtenden Vergleichstests für Kinder und Jugendliche zu verdammen, weil die doch wieder und wieder nur die gleiche Bildungsmisere belegten. Diese Tests, denen sie vorwirft, zu wenig auf die Vielfalt im Klassenzimmer einzugehen, trügen ja nichts zur Lösung bei. Unzählige Runden dieser Tests hätten nur «reines Beschreibungswissen» geliefert, würden von vielen Pädagogen nicht als «nützliche Unterstützung» gesehen, sondern als unangenehmes «Kontrollinstrument» empfunden. Und sie plädiert deshalb für eine freiwillige Teilnahme an den Vergleichsarbeiten. Tatsächlich führt Niedersachsen seit dem Schuljahr 2019/20 keine Vergleichsarbeiten mehr durch, mit dem Argument, man wolle Lehrerinnen und Lehrer von der Mehrarbeit entlasten. Dass danach in dem Schuljahr die Kultusministerkonferenz die VERA-Teilnahme im April für alle Bundesländer von «verbindlich» auf «freiwillig» setzte, hatte mit den Schulschließungen aufgrund der Corona-Pandemie zu tun – so ging Niedersachsens radikaler Schritt quasi unter, blieb fast unbemerkt. Doch es ist noch nicht zu Ende. Im Schuljahr 2020/21 steigen noch zwei weitere Länder teilweise oder ganz aus der Vergleichsarbeiten-Pflicht aus: Bremen und Brandenburg. Offizielles Argument auch hier: «Entlastung der Schulen». Nun gelte es erst mal, den verpassten Stoff aufzuholen. Das scheint wichtiger, als sich ein Bild vom Leistungsstand der Schüler im jeweiligen Bundesland zu machen.

Dabei entstanden diese ursprünglich verpflichtenden Tests als Reaktion auf den PISA-Schock um das Jahr 2000. Damals war der Aufschrei groß. Fast jeder vierte Fünfzehnjährige, so hatte die Studie festgestellt, könne in Deutschland nicht richtig lesen. Auch Mathematik sei schwierig, ein Viertel der Fünfzehnjährigen könne höchstens auf Grundschulniveau rechnen. Weiter hieß es, die «Leistungsstreuung» zwischen den sehr starken und sehr schwachen Schülern sei in Deutschland relativ groß. Die «mittlere Leistung», das Mittelfeld also, sei dagegen nur schwach besetzt. Ein Viertel der jugendlichen deutschen Schüler also eine Risikogruppe? Das durfte nicht sein.

Ein Fokus nach dem PISA-Schock lag also auf der Schulqualität. Vergleichsarbeiten für Dritt- und Achtklässler wurden nun verpflichtend eingeführt, um eine Art Frühwarnsystem im Klassenzimmer zu haben. Und dieses Frühwarnsystem schlägt seitdem lautstark an. Die Verantwortlichen dieser Vergleichsarbeiten schreiben über die Risikogruppe jener Schüler, die im Test noch nicht mal die Mindestanforderungen erreichen, ihnen fehlten «basale Kenntnisse». Konkret heißt das bei einem Drittklässler, dass sie oder er nicht die notwendigen Grundkenntnisse hat, «um den erfolgreichen Übergang von der Grundschule in eine weiterführende Schule zu bewältigen». Und den Achtklässlern? Fehlt, laut Institut für Schulqualität, das Rüstzeug, «um ein selbstbestimmtes und beruflich erfolgreiches Leben bestreiten zu können».

Machen wir uns nichts vor: Es ist schwer, diese Wissenslücken noch in der kurzen verbleibenden Zeit zu schließen, fast unmöglich. Wie sollen Schülerinnen und Schüler, denen offensichtlich die Basis fehlt, in ein, zwei Jahren lernen, was in den vorherigen drei oder acht Jahren versäumt wurde? Und das zusätzlich zu dem neuen Stoff! Es fehlt an den weiterführenden Schulen, wenn sie kein Gymnasium sind, innerhalb des Leistungsspektrums der Schüler ein stabiles, größeres Mittelfeld, das zumindest den Regelstandard erreicht. Aber nicht nur dort. Das Drama beginnt schon in den Grundschulen.

Wenn wie in Berlin zuletzt, 2019, knapp dreißig Prozent der Drittklässler in Lesen, Zuhören und Rechnen noch nicht mal die Mindestanforderungen packen und weitere gut fünfundzwanzig Prozent auch nicht den Regelstandard erreichen, sollte man denken, es bricht Panik aus. Denn über die Hälfte der Berliner Grundschüler liegt damit unter dem Regelstandard, statt Mittelfeld haben wir eine riesige Gruppe unterdurchschnittlich ausgebildeter Drittklässler – die Mehrheit der Schüler. Offenbar ist seit dem PISA-Schock nichts besser, im Gegenteil, die Schulqualität ist schlechter geworden. Um beim Bild des Frühwarnsystems zu bleiben: Wir haben Alarmstufe Rot.

Das Theater mit der Schulinspektion

So weit, so eindeutig. Jetzt aber wird es kompliziert – denn häufig scheint Leistung in der Pädagogik nur noch eine Nebenrolle zu spielen. Das mussten wir als Friedrich-Bergius-Schule selbst schmerzhaft erfahren. Bei uns steht sie eindeutig im Mittelpunkt, wir wollen, dass unsere Schüler in den vier Jahren bei uns etwas lernen. Es ist ja eine eher kurze Zeit, die wir haben. Bei vielen müssen wir in der siebten und auch achten Klasse Stoff nacharbeiten, den sie eigentlich schon aus der Grundschule kennen sollten. Das kostet Zeit und erfordert viel Konzentration.

Deshalb ist der Unterricht bei uns klar organisiert, die Lehrer leiten an, geben vor. Wenn es möglich ist, teilen wir unsere Klassen, damit die Lerngruppen kleiner werden und wir noch gezielter Schüler unterstützen können. Es gibt einfache Rituale bei uns, die helfen, eine gute Arbeitsatmosphäre herzustellen. So stehen am Beginn jeder Stunde alle Schüler auf, man begrüßt sich mit einem «Guten Morgen». Dadurch ist klar: Jetzt beginnt der Unterricht. Das Arbeitsmaterial, Hefte und Stifte, liegen schon vorbereitet auf dem Tisch. Eine Schülerin oder ein Schüler fasst anfangs das Gelernte der letzten Stunde kurz zusammen, dann geht es weiter im Stoff. Wir glauben an Übung und Wiederholung, sehen auch in Hausaufgaben einen Sinn. Einfach gesagt: Unser Unterricht ist bewusst traditionell.

Das liegt auch daran, weil wir immer wieder die Erfahrung machen, dass viele Schüler in offenen, selbstorganisierten Unterrichtsformen, die sie häufig in der

Grundschule erlebt haben, zu wenig gelernt haben, zu einfach abtauchen konnten. Einmal hatten wir einen Schüler, der nicht rechnen konnte – überhaupt nicht. Wir haben ihn gefragt, wie er es denn so durch die ersten Klassen geschafft habe. Er sagte, sein Freund und Sitznachbar sei prima in Mathe gewesen, der habe immer seine Arbeitszettel in Mathematik bearbeitet. Dafür habe er dessen Deutschteil komplett übernommen, das war seine Stärke. Damit kamen beide durch. Offenbar gibt es in diesen Schulen zu viele Kinder, die jahrelang irgendwie fleißig wirken, weil sie ständig wichtig mit dem Radiergummi herumhantieren, immer emsig etwas wegradieren, aber nur selten die geforderten Aufgaben erledigen. Das sind fast kafkaeske Momente – alle arbeiten, aber niemand tut etwas.

Allein einen Wochenplan aufzustellen, wie es die moderne Pädagogik verlangt, und sich dabei als Sechs-, Sieben- oder Achtjähriger selbst einzuschätzen – was kann ich schon, woran muss ich noch arbeiten? – scheint viele Kinder zu überfordern. Idealerweise, das schlägt diese Pädagogik vor, sollen schon sehr junge Schüler sich im Unterricht selbst Ziele setzen, dann planen, wie sie diese erreichen können, und sich dann selbständig an die Lösung machen. Am Ende müssen sie dann noch eine Selbsteinschätzung abgeben: Das kann ich, das kann ich nicht so gut. Wenn sie Hilfe brauchen, können sie ja einen Termin in der schulischen Lernwerkstatt buchen, bitte einfach in die Liste eintragen. Alles soll selbstreguliert laufen, fast als sei ein Schüler ein komplexer technischer Apparat.

Hand aufs Herz – wie viele von uns Erwachsenen würden das hinkriegen, tagtäglich diese Selbstdisziplin aufzubringen? Es ist doch zutiefst menschlich, als Schülerin oder Schüler die schweren Aufgaben zu vermeiden, die Anstrengung zu umgehen und sich, wenn es geht, einen schönen Schultag, eine schöne Schulwoche zu machen. Hauptsache, die Freundinnen oder Kumpels sind da. Dann ist alles gut.

Wer zu Hause noch Eltern oder Großeltern hat, die unterstützen, womöglich antreiben und damit das nicht Gelernte ausgleichen, hat Glück. Die nachmittags am Schreibtisch mit ihnen Schreiben üben, die vorlesen, die sich mit dem Kind hinsetzen und rechnen, selbst mal über den Wochenplan schauen. Solche Schüler kommen meist zurecht – wobei ich behaupten würde, dass auch diese am Ende weniger wissen, als sie könnten, weniger lernen, als sie müssten. Doch mit dieser familiären Hilfestellung schaffen es viele sogar bis ins Gymnasium.

Aber unsere Schüler haben von zu Hause meist keine Unterstützung, und häufig haben die Familien auch gar kein Verhältnis zu Bildung – wer sollte ihnen also dabei helfen können? Manche von ihnen leben in kleinen Wohnungen, gedrängt mit vielen Geschwistern. Immer ist Verwandtschaft zu Besuch, immer ist Rummel. Rückzug, um zu lernen, ist dort schwierig. Es gibt kein eigenes Zimmer mit Schreibtisch. Unsere Konsequenz heißt: Gerade diese Schüler brauchen die Ruhe und Konzentration in der Schule. Deshalb haben wir uns gegen allzu offenen Unterricht entschieden. Es bleiben uns nur vier Jahre Zeit, um sie fit für die Welt zu machen. Entweder für eine Lehre oder als Vorbereitung für das Abitur. Das ist unser Ziel. Und meist gelingt uns das. Wir dachten eigentlich, wir machen gute Arbeit.

Die Berliner Schulinspektion allerdings sah das anders. Auch sie ist eine Folge des PISA-Schocks, sie soll seit vielen Jahren dafür sorgen, dass sich die Unterrichtsqualität in den Schulen steigert. Es gibt sie in allen Bundesländern, allerdings jeweils unter föderaler Aufsicht. Drei Tage war die Berliner Schulinspektion im März 2018 bei uns im Haus, danach gab es Bestnoten für unsere Leistungsdaten. An der Schule werde konzentriert gearbeitet, hieß es im Bericht, es würden gute Abschlüsse erzielt, es gebe keine Schuldistanz. Die Inspektoren sahen, dass die Schüler mitmachen, die Stimmung freundlich ist und es keine schwerwiegenden Gewaltvorfälle gibt. Das alles wurde positiv vermerkt. Und spielte doch keine Rolle bei der Bewertung unserer Schule. Wir fielen bei der Schulinspektion durch – und gelten seitdem als «Schule mit erheblichem Entwicklungsbedarf», die externes Coaching braucht, um wieder auf den richtigen Weg zu finden. Was war passiert?

Der entscheidende Vorwurf lautete: Unser Unterricht sei zu wenig individualisiert. Wir würden zwar die Klassen oft teilen, um besser zu fördern – aber das sei keine wirklich individuelle Förderung. Als Schule hätten wir keine Idee, wie wir uns in den nächsten Jahren weiterentwickeln wollten, hielten stattdessen an einem «klaren Regelwerk» im Umgang mit den Schülern fest, das ausschließlich auf «sozialen Normen und Sekundärtugenden» fuße. Wir – ein überschaubares Kollegium von rund vierzig Lehrern, das die kurzen Wege schätzt – arbeiteten nicht in Teams und hätten keine Steuergruppe, um «Partizipation zu gewährleisten». Unser Motto «Jede Stunde ist eine Deutschstunde» sei kein Sprachkonzept, unsere Schüler arbeiteten in einer Klasse häufig an derselben Aufgabe, noch schlimmer, der Unterricht werde meist sehr stark vom Lehrer gesteuert. Er sei zwar klar strukturiert, aber die Schüler erhielten wenig Raum, «die Lernprozesse» einzuschätzen. Außerdem gebe es eine Wiederholungs- und Übungsphase an jedem Anfang, die von der Lehrkraft angeleitet werde. Im Vordergrund stehe bei uns «die Vermittlung von abrufbarem fachlichen Wissen». Lange dachte man ja, genau das sei der Sinn einer Schule. Dass die Schüler Kenntnisse haben, Dinge beherrschen. Heute aber wird genau das sehr kritisch gesehen.

Dieser «output-orientierte Ansatz» sei reduzierend, heißt es nun vielfach. Man werde damit der Grundidee von Bildung nur sehr unzureichend gerecht, meint beispielsweise der Erziehungswissenschaftler Hans Brügelmann. «Unterricht und Schulleben sind pädagogische Prozesse. Pädagogische Prozesse aber haben einen Eigenwert», sagt er. Das Hauptaugenmerk auf Leistung zu setzen, sei einfach zu wenig.

Das gibt den Ton vor, auch für die Politik. In den Bildungsstandards, die von der Kultusministerkonferenz formuliert wurden, heißt es: «Anstelle von trägem Wissen, das die Schülerinnen und Schüler nur zur Beantwortung von eng begrenzten und bekannten Aufgabenstellungen nutzen können, soll vernetztes Wissen entwickelt werden, das zur Bewältigung vielfacher Probleme angewendet werden kann.» Was wir also versuchen, gilt lediglich als

Eintrichterung von «trägem Wissen» in Schülerhirne, die auch danach offenbar überdurchschnittlich passiv bleiben, unfähig, loszudenken, unfähig, gedankliche Brücken zu bauen. Fast als sei unsere Unterrichtsmethode ein Sedativum, ein Betäubungsmittel. Die neuen Methoden des selbstbestimmten Lernens führten dagegen zu «aktiver Verarbeitung und nachhaltiger Durchdringung der Unterrichtsgegenstände durch die Schülerinnen und Schüler». Sie setzen das Hirn erst richtig in Gang. Nachdem unsere eigenwillige Schulinspektion zu einem lokalen Politikum geworden war, brachte der damals für Schule zuständige Staatssekretär im Berliner Abgeordnetenhaus die Vorbehalte auf den Punkt. Unsere Methoden seien «Steinzeitpädagogik». Sie stünden im Gegensatz zur «modernen Pädagogik».

Wissen in Schülerköpfen anzuhäufen, heißt es nun, sei ein Konzept vergangener Jahrhunderte. Im 19. und 20. Jahrhundert möge das noch seine Berechtigung gehabt haben, aber heute, im Zeitalter der Digitalisierung, sei Wissen doch problemlos zugänglich und könne flott ergoogelt werden. Überhaupt: Wer brauche noch Kopfrechnen, wenn es in jedem Telefon einen Taschenrechner gibt? Die Welt ist vernetzt, nun gilt es schon in jungen Jahren, das große Ganze zu verstehen, anstatt Fakten zu lernen. Die Kollateralschäden dieser aktuellen Bildungspolitik, die nicht mehr auf Wissen, sondern auf «Kompetenzen» setzt, werden einfach banalisiert.

«Vor fünfzig oder hundert Jahren wurde fehlerfreies Schreiben im gesellschaftlichen Alltag wie auch in der Schule viel wichtiger genommen. Heute hat die korrekte

Schreibung generell eine geringere Bedeutung, etwa bei E-Mails und privaten Mitteilungen. Aber auch in Zeitungen gibt es mehr Druckfehler, und die Werbung spielt bewusst mit Schreibvarianten. Das mag man beklagen, aber in dieser Gesellschaft leben die Kinder», heißt es wiederum bei Hans Brügelmann. Es sei inzwischen viel wichtiger, dass die Kinder verstehen, was sie lernen. Und offenbar nicht mehr so wichtig, ob sie lernen.

Schaut man sich allerdings an den führenden Gymnasien Berlins um, mehrere davon in kirchlicher Hand und damit privat betrieben, wird da sehr wohl viel «träges Wissen» den Schülern abverlangt. Dort arbeitet man ganz klassisch stoffzentriert und eher wenig schülerorientiert. Warum? Ganz einfach: Die Basis muss sitzen – denn aus der Basis erwächst das freie Denken. Niemand lernt eine Sprache, ohne Vokabeln zu pauken. Keiner kann ein lineares Gleichungssystem lösen ohne die Grundrechenarten. Wer soll einen zweiseitigen Aufsatz mit tollen Gedanken in einer vernünftigen Zeit schreiben, wenn die Handschrift nicht flüssig ist? Schüler, die Klima und Wetter nicht unterscheiden können, können zwar an einer «Fridays for Future»-Demonstration teilnehmen, aber so richtig Ahnung, worum es da wirklich geht, haben sie dann nicht.

Wir alle mussten als Schüler «träges Wissen» anhäufen, früher nannte man das vermutlich Allgemeinbildung, und es hat uns auch später oft geholfen. Heute entlassen wir dagegen Schülerinnen und Schüler nach der zehnten Klasse, die keine Bruchrechnung mehr beherrschen, geschweige denn die Prozentrechnung. Die kaum einen

Satz orthographisch korrekt schreiben können, für die das Komma nur noch ein hübsches, aber völlig sinnloses Textornament zu sein scheint.

Viele Abiturienten können in größerer Zahl nicht direkt ihr Studium an der Universität aufnehmen, sondern müssen in Brücken- oder Vorkursen auf das Niveau gehoben werden, mit dem man zumindest loslegen kann. Nicht nur in den Naturwissenschaften, auch in den Sprachen. Und ob diese Absolventen – egal ob in der Lehre oder im Studium – nun wirklich bessere, weil vernetztere Denker sind, darf bezweifelt werden.

Sind wir «Gestrige»? Wenn man bei uns am Vormittag durch die Gänge der Schule läuft, ist es während der Stunden still, weil hinter den Türen konzentriert gearbeitet wird – ab und zu dringen Stimmen von Schülern und Lehrern durch, aber in normaler Tonlage. Schallschutzkopfhörer, wie sie inzwischen im Klassensatz in manchen Schulen verteilt werden, damit die Schüler sich trotz des Lärms der Mitschüler im Unterricht abschotten und konzentrieren können, gibt es bei uns nicht.

Schallschutzkopfhörer? Genau, die neonfarbenen Ohrschützer, die man vom Flugfeld kennt. In manchen Schulräumen gehören die schon zum Standard. Bei uns undenkbar. Und wenn die fünfundvierzig Minuten vorbei sind, klingelt die Schulglocke, alles strömt heraus, die Jugendlichen treffen sich auf den Gängen, man quatscht, lacht, schlendert zum nächsten Klassenraum. Es läutet wieder, die Hausaufgaben werden kontrolliert, der Stoff der letzten Stunde kurz wiederholt. Und ja, es wird diskutiert, unsere Schüler lernen denken, sie werden nach ihrer Meinung gefragt. Wenn man etwas weiß, wenn man den Stoff begriffen hat, dann stellt man Zusammenhänge her, und die Kompetenzen kommen fast von alleine. Doch dazu brauchen die Schüler erst mal ein gewisses Fachwissen. Deshalb steht diese Vermittlung für uns im Unterricht im Vordergrund. Also: Sind wir damit von gestern? Und wenn ja, woher kommt dieser Furor auf das Gestrige, auf die angebliche Steinzeitpädagogik?

Als die Inspektoren ihren Bericht in einem unserer großen Klassenräume dem Kollegium und Eltern- und Schülervertretern vorstellten, fühlten sie sich, so war mein Eindruck, sichtlich unwohl. Sie warfen Bewertungsbögen mit Buchstaben-Noten an die Wand, zeigten uns bunte Balkendiagramme und führten uns abfallende Graphen vor, die unseren Unterricht als Mittelwert darstellten. Sie redeten viel, doch es war klar, sie redeten an ihren Zuhörern vorbei. Denn was unsere Stärken sind, wollten sie am Ende nicht anerkennen. Dass unsere Schüler in der Mehrheit überdurchschnittlich gute Leistungen bringen. Dass hier gelernt wird, dass unsere Schüler gerne kommen und ihre Eltern die Schule schätzen – all das spielte offenbar in der Schlussbewertung keine Rolle. Schule sei viel mehr als nur der Leistungsgedanke, argumentierten die Inspektoren. Es sei ein Lebensraum, ein Ort der Partizipation, der Demokratieentwicklung, der Individualisierung. Leistung sei nur ein Aspekt unter vielen. Und offenbar nicht der wichtigste. Wir als Pädagogen hätten zwar unseren Schülern etwas beigebracht. Aber das zählte nicht, denn wir hatten das Ziel auf dem falschen Wege erreicht, nicht auf dem von der Schulinspektion favorisierten Weg. Deshalb fielen wir nun durch. Unsere Lehrer reagierten fassungslos. All die harte Arbeit und keine Anerkennung? Im Gegenteil. Ein Schul-Kainsmal.

Und es war nicht das erste Mal. Schon 2012 hatten wir Ärger mit der Schulinspektion, auch da wurde unser Unterricht als zu wenig «selbstgesteuert, problemorientiert und kooperativ» bezeichnet. Zwar sei die Lernatmosphäre «freundlich und angenehm», es werde viel gelernt, aber «der neue Lerngegenstand wird meist in einer Frontalphase» vorgetragen. Damals, als der Bericht vorgestellt wurde, konfrontierten wir die Inspektoren auch mit der Frage, warum unsere Leistungen im Lernbereich nicht als Stärke der Schule anerkannt würden. Die Antwort des Inspektors werde ich mein Leben lang nicht vergessen. Er sagte: «Leistung ist egal.»

Um es noch mal zu verdichten: Schultests zeigen uns, dass an viel zu vielen Schulen bundesweit mehr als die Hälfte der Schüler nicht mal die erwartbaren Mindestanforderungen in den Kernfächern bewältigen, was heißt, dass ihnen mit großer Wahrscheinlichkeit die Grundlagen für ein selbstbestimmtes, erfolgreiches Berufsleben genommen werden. Dabei benötigen wir diese jungen Menschen. Die weltweite Corona-Pandemie führte dazu, dass vieles, was lange unseren Alltag prägte, plötzlich nicht mehr selbstverständlich war. Unsere Gesellschaftsordnung, wie wir sie kennen, entpuppt sich als fragiler als gedacht. Um solche Krisen trotzdem meistern zu können, braucht es den Einsatz und das Engagement jedes Einzelnen, Tag für Tag. Die Schule legt die Grundlage für diese späteren Helden des Alltags.

Von der Arbeiterbewegung lernen

«Aufstieg durch Bildung» – daran glaube ich fest, das hat auch mich geprägt, mein Leben verändert. 1963 hieß eine kulturpolitische Konferenz der SPD in Hamburg so, die Maßstäbe setzen sollte. Der Parteivorsitzende Erich Ollenhauer und der spätere Bundespräsident Gustav Heinemann waren unter den siebenhundert Teilnehmern. Zwei Tage lang diskutierten die Genossen dort mit großem Selbstbewusstsein im Curio-Haus im edlen Stadtteil Rotherbaum über Bildung, denn für die Arbeiterbewegung war Bildung immer ein zentrales Thema gewesen, stolz blickte man auf die Zeit des Selbststudiums der Arbeiter nach Feierabend zurück, das Arbeiter-Bildungswesen, die «große geistige Disziplin» von damals. Wissen ist Macht, das war hier allen bewusst, gerade weil man früh für soziale Gerechtigkeit und Demokratie gekämpft hatte.

Wenige Monate nach der Konferenz, 1964, sorgte der Pädagoge Georg Picht mit seinem Buch «Die deutsche Bildungskatastrophe» für Furore. Ein Vorwurf darin: Die Bundesrepublik bringe, verglichen mit anderen Industrienationen, zu wenige Abiturienten hervor. Nur knapp sieben Prozent der Jugendlichen machten damals Abitur. Die elitären Gymnasien müssten sich dringend öffnen.

Das wirkte, das traf einen Nerv. Auch in meiner Familie. Eine Riesenfamilie, meine Großeltern hatten zehn Geschwister, in der alle Arbeiter waren. Alle von ihnen hatten in Berlin lediglich die Volksschule besucht. Ich bin Jahrgang 1953, mein Vater kam als sehr junger Mann verwundet aus dem Krieg zurück, seine linke Hand wurde von einem Scharfschützen durchschossen und funktionierte danach nie wieder richtig. Es war sein dritter Tag als Soldat gewesen beim Ausheben des Schützengrabens für eine Stellung irgendwo im Baltikum. Für ihn als Feinmechaniker war die Verwundung auch nach Kriegsende ein großes Handicap. Es war ein Explosivgeschoss gewesen, es blieben danach nur vier eher unbewegliche Finger an der Hand zurück. Eine lebenslange Behinderung.

Aber das hielt ihn nicht davon ab, immer zu arbeiten. Anfangs half er, die Metallträger aus den Trümmern der ehemaligen Reichshauptstadt zu ziehen, damit man sie gerade biegen und wiederverwenden konnte. Später arbeitete er in kleinen metallverarbeitenden Hinterhofbetrieben in Kreuzberg, mehr als zwanzig Angestellte hatten die nie, und landete schließlich als Feinmechaniker beim Fernmeldetechnischen Zentralamt. Sein größter Stolz war, dass er einen Weg fand, die Dipolantennen aus Aluminium für Westberliner Doppeldeckerbusse so zu formen, dass sie funktionierten. Daran hatte er mit seinen Mitarbeitern lange getüftelt, denn sie bedurften einer sehr eigenwilligen U-Form. Jedes Mal, wenn dann später ein BVG-Doppeldecker an uns vorbeifuhr und man die Antenne sah, die unterhalb des oberen Frontfensters angebracht war, sagte er stolz zu mir: «Guck mal, meine Antenne.»

Meine Mutter dagegen kam vom Land, aus dem Spreewald. Dort waren alle Landarbeiter. Sie hatte noch nicht mal die achte Klasse der Volksschule vollendet. Es war Krieg, und sie wurde auf dem Feld gebraucht.

Niemand in meiner großen Familie hatte jemals Abitur gemacht. Aber es waren selbstbewusste SPD-Genossen, die spürten, wie wichtig Bildung ist. Die haben zu mir gesagt: «Junge, die Schule ist wichtig, lerne was, damit es dir mal besser geht als uns.» Es war klar, sie konnten mir schulisch nicht groß weiterhelfen. Keiner von ihnen sprach Französisch oder Englisch, da konnte von zu Hause keine Unterstützung kommen. Aber sie glaubten an mich. Sie sagten: «Streng dich an, so lange es geht. Wir versuchen, dich über Wasser zu halten.» Sprich, die ganze Familie legte Geld zusammen, damit ich auf das Gymnasium gehen konnte, um das Abitur abzulegen. Dieses Vertrauen der Familie hat mich geprägt. Genauso wie die klare Aufforderung: «Streng dich an.»

Unsere Kinder verlernen zunehmend, sich anzustrengen. Sie müssen sich ja kaum mehr konzentrieren. Sie kennen keine Langeweile, weil es fast immer eine digitale Ablenkung gibt. Von der prägenden Welt der Arbeiter, der Malocher, in der man frühmorgens aufstand und mit der Brotdose in der Hand zum Werk ging, wo Frauen im Akkord am Fließband Handtücher und Bademäntel zusammenlegten, haben sie keine Ahnung mehr. Heute wird von «Work-Life-Balance» geredet, das wäre früher undenkbar gewesen. Von «Influencern», die umsonst die Welt bereisen und ein aufregendes Leben haben. Aber viele Menschen müssen weiterhin hart und physisch arbeiten.

Der Bote, der Pakete die Treppen hochschleppt. Die Köchin im Schichtdienst. Der Klempner, der eine eigene Firma aufbaut. Das Leben draußen ist keine ewige «Work-Life-Balance», es ist oft fordernd. Es gibt Pflichten. Deshalb tun wir Schülern keinen Gefallen, wenn wir nicht etwas von ihnen fordern. In der Schule gehört Anstrengung dazu. Leistung auch.

Als ich 1966 auf das Gymnasium im Westberliner Süden wechselte, hat zwar niemand über mich als Arbeiterkind die Nase gerümpft. Nicht der Professorensohn oder die Beamtentochter. Auch kein Lehrer. Aber natürlich gab es Ungerechtigkeiten – meine Leistungen mussten gleichbleibend gut sein. Der Zahnarztsohn aus meiner Klasse kam dagegen mit fünf Fünfen auf dem Halbjahreszeugnis weiter und wurde wunderlicherweise im Sommer versetzt. Was für eine überraschende Leistungssteigerung! Und unser junger Physiklehrer gestand uns Schülern einmal, er habe das Abitur nur geschafft, weil sein Vater der Schule für fünfzigtausend Mark einen Physikraum gespendet hatte. Das war natürlich nicht gerecht. Apropos gerecht. Die meisten meiner Mitschüler aus der Grundschule wechselten damals auf die Hauptschule, ein kleinerer Teil auf die Realschule. Das hatte wenig mit deren Noten und schulischen Fähigkeiten zu tun, sondern mit dem begrenzten Blick der Eltern, oft selbst Arbeiter und Handwerker, die sich für ihre Kinder keine andere Zukunft vorstellen konnten – allein schon weil sie nicht so lange für den Nachwuchs finanziell aufkommen konnten.

Dass das bei uns zu Hause anders war, hatte viel mit der Arbeiterbewegung zu tun. Mit der Idee, dass man durch Bildung eine Gesellschaft verändern kann. Aufstieg durch Bildung. Dafür legten alle zusammen.

Wir müssen den Begriff der Leistung wieder stärker in den Mittelpunkt stellen. Wir sind ja angeblich eine Leistungsgesellschaft. Was bleibt uns auch anderes übrig?

Unser Kapital sind die Ideen, die Innovationen, die Patente, die Professionalität und Genauigkeit. Ja, wir sind ein reiches Land. Aber auf welcher Grundlage? Ich empfehle immer jedem, der betont, wie reich wir sind, einen Spaten in die Hand zu nehmen und bei uns auf den Schulhof zu gehen, um dort ein Loch zu buddeln. Da kann man so tief graben, wie man will, hier finden sich nur Sand und Wasser. Das war schon für die Preußen ein Problem, daran hat sich nichts geändert. Und auch sonst ist das Land an Bodenschätzen arm. Ein bisschen Braunkohle, ein bisschen Steinkohle und ja, gute Ackerböden. Aber das war es dann auch.

Der Grund, warum wir so wohlhabend sind, sind die Fähigkeiten unserer Menschen. Der vielen Frauen und Männer, die täglich zur Arbeit gehen – ob als Ingenieur oder am Fließband. Weil wir Produkte und Dienstleistungen anbieten, die weltweit attraktiv sind. Weil Menschen beispielsweise hierher einfliegen, um bei schwierigen Diagnosen in unseren Krankenhäusern operiert zu werden. Wissend, dass die Ärzteschaft genauso professionell ausgebildet ist wie das Pflegepersonal. Wir brauchen gut ausgebildete Jugendliche, die in diese Arbeitsplätze hineinwachsen können. Nicht nur damit jeder von ihnen ein ausgefülltes Berufsleben hat. Sondern auch für unseren eigenen Wohlstand als Land.

Auch meine Schüler an unserer Schule haben Träume für ihr Leben. Sie haben berufliche Ziele, Ideen, welchen Weg sie später beruflich einschlagen wollen. Wann immer eine Schülerin oder ein Schüler bei mir im Zimmer sitzt – egal ob beim ersten Gespräch oder später, weil es womöglich irgendwo im Schulalltag Ärger gab –, frage ich: «Weißt du schon, was du später machen möchtest?» Die Antworten sind vielfältig. Juristin, Tischler, Grundschullehrer, Zahnarzthelferin, Immobilienmakler, Paketbote. Viele Jungs träumen auch davon, Fußballprofi zu werden, viele Mädchen wollen als Schauspielerin arbeiten. Eine Zeitlang stand Pathologe hoch im Kurs, das lag wohl an populären Fernsehsendungen. Was es auch ist – sie haben alle eine Vorstellung, dass sie irgendwas später arbeiten wollen. Sie wollen einen eigenen Platz im Leben finden.

Ich nehme diese Träume ernst, versuche, unsere Schüler dort abzuholen. Ob die Schülerin oder der Schüler tatsächlich sein Ziel erreicht, das haben wir nicht in der Hand. Sicherlich, manches ist eher unrealistisch. Kaum einer der Jungs, die im Verein Fußball spielen, wird am Ende Profi werden. Da gehören sehr viel Glück, harte Arbeit und enormes Talent dazu. Trotzdem nehme ich jeden Wunsch ernst – und versuche, ihn auf die Schule zurückzuleiten und anzuwenden. Was braucht ein Jurist? Erst einmal Abitur. Und neben Logik ein starkes Sprachgefühl, einen Blick für die Feinheiten des Ausdrucks. Ein Tischler muss rechnen können, ein Grundschullehrer braucht neben Empathie auch Wissen, das er vermitteln kann. Die Zahnarzthelferin muss organische Chemie begreifen, der Fußballprofi sollte Disziplin aufbringen, die Schauspielerin muss Texte auswendig lernen können, der Makler will vermutlich die Prozentrechnung gut beherrschen – schon wegen der Provision –, der Paketbote muss kurze Wege berechnen können. Und von der Aufmerksamkeit des Pathologen hängt womöglich ab, ob ein Mord erkannt wird oder ungesühnt bleibt. Seine Dokumentation könnte die Basis der Anklage sein. Er muss genau arbeiten.

Logik, Sprachgefühl, Allgemeinwissen, mathematische Fähigkeiten, organische Chemie, Disziplin, Konzentration, Dokumentation – alles Dinge, deren Grundlage man in der Schule lernt. Wir, die Schule, sind kein Selbstzweck. Unsere Arbeit mit den Schülern ermöglicht ihnen eine berufliche Zukunft, idealerweise die, von der sie träumen. Wir sollten jeden Schüler so weit entwickeln, wie es möglich ist. Damit sie oder er später in der Lage ist, beruflich auf eigenen Beinen zu stehen. Ob als Bundespräsidentin oder Hausmeister, das ist erst mal egal. Jeder hat ein Recht auf eine gute Bildungsbasis. Dafür müssen die Schüler etwas lernen.

Wo stehen wir jetzt?

Viel zu lange haben wir uns in der Pädagogik mit ideologischen Grabenkämpfen beschäftigt. Die einen wollen jahrgangsübergreifend lehren, die anderen bevorzugen Klassen. Hier wird das Lernlogbuch gepriesen, dort das digitale Lernen. Eine Schulstunde kann fünfundvierzig, sechzig, siebzig, ja neunzig Minuten haben. Vieles, was früher auf die Reformschulen begrenzt war, hat inzwischen seinen festen Platz im Schulalltag der öffentlichen Schulen, und viele Kollegen arbeiten gerne offener. Es gibt so viele Methoden, so viele Moden. Deshalb meine ich: Jedes Kollegium soll seinen eigenen Weg finden, wie es den Schülern Wissen vermittelt. Was bei der einen Schule klappt, führt wenige Kilometer weiter womöglich zum Chaos. Am Ende ist es – innerhalb eines gesellschaftlich anerkannten Rahmens – egal, wie das kleine Einmaleins gelehrt wurde, ob im Stuhlkreis, im Kopfstand oder frontal. Hauptsache, es sitzt. Und der Zeitraum, den es für die Vermittlung gebraucht hat, ist angemessen. Jede Schule soll ihren eigenen Weg gehen – aber jede Schule muss auch zu Ergebnissen kommen. Das muss man regelmäßig überprüfen.

Was habe ich davon, wenn ich mich als Lehrer mit meinen Methoden selbst verwirkliche, aber die Schüler nicht davon profitieren? Dann bin ich zwar pädagogisch vielleicht auf der Höhe der Zeit, aber meine Schüler lernen nichts oder viel zu wenig. Ich würde von jeder Schule erwarten, dass man ehrlich hinschaut: auf die Schülerschaft und auf die Ergebnisse. Die Frage ist doch immer wieder: Haben die Schüler genügend gelernt? Das ist die Frage, die interessant ist.

Nein, sie haben nicht genug gelernt, das zeigte sich auch zu Beginn des Schuljahrs 2019. Alle Siebtklässler schreiben am Anfang eine «Lernausgangslage» in den Kernfächern, das ist in ganz Berlin so. Wir Lehrer sollen dadurch ein Gefühl dafür bekommen, wo unsere Schüler leistungsmäßig stehen, was sie können, wo man nacharbeiten muss. Dass es jedes Jahr größere Leistungsunterschiede zwischen den Schülern gibt, weil die Grundschulen der Stadt so verschieden arbeiten, ist keine Überraschung. Deshalb sind beispielsweise unsere Mathelehrer im Kollegium gegen Enttäuschungen gewappnet, sie erwarten einfach nicht allzu viel.

Die letzten Jahre waren die Ergebnisse in den Ausgangslagen nie besonders berauschend, die Mehrheit der Schüler schaffte knapp «ausreichend». Eigentlich sollen diese Lernausgangslagen nicht benotet werden, sondern in einen Rückmeldebogen wird vom Mathelehrer etwas schwammig eingetragen, ob überhaupt eine Lösung vorhanden war und, wenn ja, ob sie ganz richtig war oder womöglich nur teilweise. Da unser Kollegium diese zeitgeistige Unschärfe aber nicht schätzt, rechnen wir die Ergebnisse einfach in Noten um. Unserer Erfahrung nach können auch Schüler und Eltern besser damit umgehen.

Doch dieses Mal waren die Ergebnisse mehr als ernüchternd. Wir haben immer vier siebte Klassen, ich wähle jetzt eine aus, die inzwischen unsere leistungsstärkste ist. Das Ergebnis dieser achtundzwanzig Schüler in der «Lernausgangslage Mathematik», wo wirklich nur Basiskenntnisse aus der Grundschule abgefragt werden? Sechs schafften eine Vier, vierzehn schrieben eine Fünf, die restlichen acht eine Sechs. Die ersten drei Noten kamen gar nicht vor – und mit Schulschließungen hatte das nichts zu tun, die lagen zu dem Zeitpunkt noch Monate entfernt. Die Überraschung ist: Trotz ganz verschiedener Grundschulen, von denen unsere Schüler kommen, ist die Klasse in Mathe ausgesprochen homogen. Niemand kann wirklich etwas. Niemand.

Die Sache mit den Regeln

Vor einigen Tagen ging ich zum Supermarkt, der direkt neben unserer Schule liegt, um mir wie jeden Morgen meine Zeitungen zu kaufen. Da sprach mich ein junger Mann an: «Herr Rudolph, Herr Rudolph. Kennen Sie mich noch?» Ich drehte mich um, ja, natürlich kannte ich ihn noch. Er hatte oft genug bei mir im Büro gesessen, auf dem Holzstuhl am Kopfende, und ich neben ihm. Manchmal waren auch seine Eltern dabei, die Klassenlehrerin oder ein Sozialpädagoge. Wir führten ernste Gespräche, mal ging es um seine häufigen Abwesenheiten, mal um die Noten, mal um sein Benehmen. Alle im Kollegium rollten die Augen. Was sollte bloß jemals aus ihm werden? Es war zum Verzweifeln. Aber immerhin, wir blieben dran.

«Schön, dich zu sehen», sagte ich zu ihm. «Wie geht es dir, und was machst du so?» Eigentlich hätte ich ihn nicht fragen müssen, denn seine leuchtend orange Dienstkleidung war unübersehbar, jeder Berliner kennt sie. «Ich fahre jetzt auf dem Müllwagen», sagte er stolz, «ich bin schon eine Weile bei der Stadtreinigung.» In dem Moment kam sein Vorgesetzter dazu, ein älterer Kollege. «Sind Sie sein ehemaliger Schulleiter?», fragte er. Und dann erzählte er, was für ein Gewinn dieser junge Mitarbeiter für sein Team sei – er sei pünktlich, könne gut anpacken, sei verlässlich und überhaupt im Umgang angenehm. Wer die Berliner Müllfahrer kennt, weiß, sie sind eine verschworene Gemeinschaft, die eng zusammenhält, wo jeder sich auf den anderen verlassen muss, weil man unter Zeitdruck arbeitet. Unser ehemaliger Schüler stand daneben und war sichtbar zufrieden mit seiner Arbeit und seinem Leben.

Das machte mir wieder klar, dass man niemals einen Schüler aufgeben darf. Dazu haben wir als Lehrer einfach kein Recht. Bei diesem Schüler war immer deutlich, er hatte das Zeug, einen Abschluss zu machen, die Intelligenz dafür. Was ihm im Wege stand, war sein Verhalten. Er hatte viel Blödsinn im Kopf, erschien manchmal nicht in der Schule, war zeitweise faul, nie gewalttätig, aber oft renitent. Wir hätten uns als Schule nicht mit ihm auseinandersetzen müssen. Der bequeme Weg wäre gewesen, ihn links liegenzulassen und einfach zu warten, bis die Schulpflicht endet. Dann wäre er wohl ohne Schulabschluss geblieben, schon deshalb, weil er dann vermutlich kaum noch in der Schule aufgetaucht wäre.

Und dann? Ein weiterer Berliner Schulabbrecher, eine Zahl in der Statistik, mehr nicht. Wir aber haben an ihn geglaubt, haben ihn gefördert, ab und zu auch gemaßregelt, dann wieder ein wenig gestreichelt – je nachdem, was es unserer Meinung nach gerade brauchte. Nun zeigte sich, dass sich unsere Arbeit gelohnt hatte. Er hatte sich zu einem verlässlichen, hilfsbereiten Kollegen gewandelt, mit einem sicheren Job in einem städtischen Unternehmen. Wir hatten ihn offenbar befähigt, doch ganz gut im Leben klarzukommen. Das war ein tolles Erlebnis auf dem Weg zum Supermarkt. Nicht immer haben solche Geschichten ein so gutes Ende.

Ohne Erziehung geht es nicht

Die meisten von uns sind Lehrerin und Lehrer geworden, um Schüler zu fördern. Wir wollen sie begleiten, damit aus den Kindern und Jugendlichen später umsichtige, kluge Erwachsene werden. Niemand will seine Schüler scheitern und untergehen sehen, kein Pädagoge erträgt es gut, wenn an der eigenen Schule ein Viertel der Schüler oder sogar mehr am Ende ohne Schulabschluss bleiben. Und doch gibt es solche Schulen, in Berlin sogar einige davon, weil dort ein normaler Unterricht überhaupt nicht mehr möglich ist. Es geht drunter und drüber. Zuallererst müssten die Lehrer, Sozialpädagogen und Erzieher dort also erzieherisch mit den Schülern arbeiten. Denn eines ist garantiert: Vorher werden die nichts lernen.

Ohne Erziehung kann man keine gute Schule führen. Besonders nicht, wenn man einen größeren Anteil verhaltensauffälliger Schüler hat. Dann muss Erziehung sogar an erster Stelle stehen. Als Lehrer kann man den tollsten Unterricht vorbereiten – wenn einige Schüler währenddessen über Tische und Bänke gehen, wird davon nicht viel ankommen. Gewalt, in welcher Form auch immer, kann eine Schule zerstören. Viele Schulen kämpfen mit Disziplinproblemen ihrer Schüler. «Die höchste Belastung im Lehrberuf ist der Umgang mit Disziplinschwierigkeiten», heißt es in einem Handbuch für junge Lehrer, die nach der Universität in den Beruf einsteigen. Das stimmt.

Wer diesen Beruf nur oberflächlich kennt, denkt womöglich, so ein Lehrer, der reißt seine paar Schulstunden runter, arbeitet ein bisschen mit den Schülern, und danach hat er den ganzen Nachmittag frei. Alles locker. Doch die ernüchternde Wahrheit ist: Viele Schüler sitzen nicht hinter der Klassentür und warten freudig auf uns, um endlich zu lernen. Die machen ihr eigenes Ding. Freunde, Feinde, pubertäre Auseinandersetzungen, Ablenkung auf dem Handy, Musik: Da geht eine Menge im Kopf herum, und es sind selten Vokabeln. Man muss sich konkret vorstellen, dass eine Lehrerin oder ein Lehrer an einem Wochentag beispielsweise sechs Stunden in sechs verschiedenen Klassen unterrichtet. Und jedes Mal, wenn sie die Tür öffnen, schlägt ihnen anfangs eine Verpiss-dich-Stimmung entgegen. Keiner nimmt sie beim Reinkommen wahr, die Schüler machen einfach weiter, quatschen, rennen rum, haben ihr Zeug nicht dabei. Die Lehrer kriegen es dann zwar nach zehn, fünfzehn Minuten hin, eine konzentriertere Unterrichtsatmosphäre zu schaffen. Doch jede Stunde beginnt dieser Kampf aufs Neue. Wie viel Kraft kostet das? Allein ein einziger solcher Tag ist anstrengend. Aber über Wochen, Monate, gar Jahre? Kein Wunder, dass viele Lehrer von Burn-out betroffen sind. Die Folge ist ein hoher Krankenstand. Eine Studie behauptete sogar, dass dreißig Prozent der deutschen Pädagogen unter psychischen Problemen leiden. Depressive Stimmungen, Tinnitus, Erschöpfung, Schlafstörungen sind die Folgen.

Die Liste der Probleme in manchen Schulen ist lang:

Respektlosigkeiten Lehrern und Erziehern gegenüber, verbale Ausfälle, Prügeleien auf dem Schulhof, Mobbing. Im Unterricht: kein Arbeitsmaterial dabei, keine Hausaufgaben gemacht, kein Interesse an der Stunde. Drogen werden mitgebracht, womöglich Waffen. Es gibt Aggression gegen Sachen, Zerstörung von Schuleigentum, Beschmieren der Wände. In Deutschlands Schulen findet sich alles. Das meiste davon bleibt innerhalb der Schule, nur von den schlimmsten Fällen erfährt die Öffentlichkeit.

Dass etwas unter den Heranwachsenden gewaltig schiefläuft, merkte man spätestens nach den nächtlichen Krawallen in Stuttgart und Frankfurt im Juni 2020, als hunderte Jugendlicher in den Innenstädten randalierten und Polizisten angriffen. Da entlade sich der Frust aufgrund der vielen Corona-Schließungen, hieß es, ohne Clubs und Bars fehle der «Partyszene» die Struktur. Drei schwäbische Oberbürgermeister sprachen daraufhin in einem offenen Brief von «Rotzbuben-Gehabe» und verlangten, schnellstmöglich ein soziales Pflichtjahr für alle jungen Menschen einzuführen. Auch weil der «soziale Trainingsraum» Schule, in dem man eigentlich «Respekt» und «verantwortungsvollen Umgang mit Menschen lernt», offenbar nicht mehr richtig funktioniert. Auch Sachsens CDU-Ministerpräsident Michael Kretschmer forderte angesichts der Krawalle: «Wir müssen viel früher unsere Regeln durchsetzen.» Doch ob frisch sanierte und sofort zerstörte Schultoiletten wie in Köln, eine von 11- und 12-Jährigen verwüstete Grundschule wie in Bissendorf, ein Schulleiter, der von einem 14-Jährigen zusammengeschlagen wurde, wie in Duisburg oder brutale Schulhofprügeleien wie in Xanten oder Ergolding – wir haben in Deutschland zu viele Schulen, die aus dem Lot sind, weil deren Schüler aus dem Lot sind. Da helfen nur erzieherische Maßnahmen.

Natürlich muss man sich fragen, ob die Eltern, die Familien nicht eigentlich für die Erziehung zuständig wären. Stimmt. Aber wir im Kollegium haben heute den Eindruck, dass Kinder häufig alleingelassen werden, obwohl sie zu Hause leben. Sie wachsen in einer Welt ohne familiäre Rituale auf. Als ich als Lehrer anfing, waren Mütter und Väter noch stärker involviert in den Schulalltag. Damit meine ich nicht, dass sie abends am Küchentisch Nachhilfe gaben, das kann nicht jeder. Aber alle Eltern können einfach mal fragen: Wie war dein Schultag? Musst du noch Hausaufgaben machen, steht eine Arbeit an? Inzwischen ist es oft schon schwierig, einen Zettel von den Eltern unterschrieben zurückzubekommen. Das war vor vierzig Jahren nie ein Problem, selbst bei Eltern nicht, die Analphabeten waren. Die haben einfach drei Kreuze ans Ende gesetzt. Und trotzdem darauf geachtet, dass der Ranzen des Kindes gepackt war.

Und es hört ja nicht bei Schulthemen auf. Manche Eltern scheinen die Erziehung ihrer Kinder regelrecht aufgegeben zu haben. Es wirkt, als hätten sie nicht mehr die Fähigkeit, Regeln für den Nachwuchs festzulegen – beispielsweise beim Handykonsum – und die auch durchzusetzen. Oder auf gutes Benehmen zu achten. Natürlich sehe ich in der Umgebung auch andere Beispiele, wenn ich morgens auf dem Weg zu unserer Schule bin. Viele Eltern bemühen sich ganz offensichtlich sehr. Ein Kleinkind und seine Mutter in langen Gesprächen, man beobachtet gemeinsam die Umgebung, das Kind fragt, die Mutter antwortet. Väter, die den Buggy schieben und liebevoll den Nachwuchs beruhigen, wenn irgendwas anders ist als gewünscht. Auch Eltern, die ihre Kinder ermahnen, wenn sie irgendwo etwas hinwerfen – «heb das bitte auf». Aber selbst in solchen Familien wird die Erziehung mit dem Alter schwieriger, die Herausforderungen werden größer. Was tun, wenn die pubertierende Tochter plötzlich Gras raucht, wenn der pubertierende Sohn stundenlang Ballerspiele zockt? Es gibt Cliquen von Schülern gutsituierter Gymnasien im Berliner Süden mit seinen Villen, die ziehen von Party zu Party, zerstören Eigentum, klauen, legen es auf Prügeleien an. Deren Eltern schauen weg. Das wird dann etwas eleganter «Wohlstandsverwahrlosung» genannt. Egal in welcher sozialen Schicht: Erziehung ist und bleibt anstrengend.

Diese Aufgabe wird, so mein Eindruck, zunehmend auf die Lehrer übertragen. Die Erziehung kommt also noch zu unserer Kernaufgabe dazu, nämlich unterrichten. Eigentlich wollen wir ja die Klasse betreten, um Wissen zu vermitteln – beispielsweise in Deutsch, Ethik oder Physik. Selbst wenn die Schüler sich dort gut benehmen und aufmerksam sind, man womöglich an einem gutsituierten Gymnasium unterrichtet, bleibt der Lehrerberuf noch ein harter Beruf. Weil es nicht einfach ist, zu lehren, den Stoff eingängig nahezubringen. Wenn aber die Störungen in der Klasse so groß sind, dass ich meinen eigentlichen Beruf nicht oder kaum ausüben kann, dann ist die Gefahr der Überforderung groß.

Schule muss machbar bleiben

Deshalb muss man auch darüber nachdenken, wie viel den Lehrern zugemutet werden kann. Natürlich gibt es zauberhafte pädagogische Ideen, die ich mir als Bildungswissenschaftler am Schreibtisch und in Seminarräumen ausdenken kann und die womöglich auch in einer Probephase an ausgewählten Schulen mit engagierten Eltern und wachen, häufig bürgerlichen Kindern funktionieren. Aber das heißt noch lange nicht, dass sie überallhin übertragbar sind, in jedes Milieu, in jede Schulform, in jede bildungsferne Welt. Denn wenn am Ende der Preis ist, dass die wunderbare pädagogische Methode die Schüler überfordert und die Lehrer verschleißt, sodass sie dauerhaft ausfallen, dann ist der Preis zu hoch.

Unsere Erfahrung ist, dass einige wenige klare Regeln im Schulalltag helfen. Die haben wir als Schulgemeinschaft früh festgelegt. Beispielsweise: kein Kaugummi im Unterricht. Es gibt Psychologen und Ärzte, die glauben, Kaugummi sei förderlich für die Konzentration. Man könne dann besser denken. Unser Kollegium empfand das Dauerkauen dagegen als störend. Außerdem klebte immer irgendwo ein altes Kaugummi unter der Tischplatte oder landete auf dem Boden, jemand trat hinein. Ein Ärgernis. Und später wird in vielen Berufen, gerade wenn man Kunden hat, Kaugummi auch nicht toleriert. Wenn ich zu einer Bank gehe und nehme einen Kredit für mein Haus über hunderttausend Euro auf, dann will ich auch keinem Berater gegenübersitzen, der die ganze Zeit vor sich hin kaut, weil er dann angeblich besser rechnen kann. Das ist, denke ich, gesellschaftlicher Konsens.

Wenn die Schulgemeinschaft «kein Kaugummi» also einmal als Regel für die gesamte Schule festgelegt hat, dann müssen die Lehrer nicht jede Unterrichtsstunde neu mit den Schülern verhandeln. «Warum dürfen wir denn nicht Kaugummi kauen? In Französisch durften wir es doch auch ...» Schüler diskutieren gerne, und so kann man schon mal ein Drittel der Stunde damit verbringen. Plötzlich wird Kaugummi zu einem Dauerbrenner als Debattenthema. Steht die Regel dagegen fest, gibt es diese ermüdende Diskussion nicht: So ist es. Punkt. Solche Regeln gestalten den Schulalltag sehr viel konfliktfreier.

Wichtig ist allerdings, dass den Schülern am Anfang die geltenden Regeln erklärt und auch begründet werden. Es darf eben nicht nur heißen: «Keine Diskussion.» Regeln dürfen nicht willkürlich sein. Das zu erklären, dafür nehmen wir uns viel Zeit. Meine Stellvertreterin und ich gehen zu Beginn des Schuljahres in alle siebten Klassen, und wir besprechen und erläutern die Schulordnung. Weil wir möchten, dass die Schüler verstehen, was wir uns als Schulgemeinschaft dabei gedacht haben, und weil unsere Lehrer danach immer wieder darauf hinweisen können: So wurde es ganz zu Beginn besprochen. Das gilt.

Nehmen wir die Pünktlichkeit. Unser Unterricht beginnt um 7.30 Uhr. Danach fällt die große schwere Holztür unseres Schulportals ins Schloss und ist von außen nicht mehr zu öffnen, weil sich dort keine Klinke findet. Wer jetzt hineinkommen will, muss klingeln, der Summer geht, und der Nachzügler landet im Sekretariat. Unsere

Regel ist, und die kennt jeder Schüler genau: Nachdem die Stunde angefangen hat, stört niemand mehr den Unterricht. Die Klassentür bleibt bis zur nächsten Stunde zu, die Mitschüler sollen unbelästigt bleiben. Damit die Schüler aber nicht mit Airpods verkapselt im Warmen sitzen und ihre Freistunde genießen, werden sie in der verbleibenden Schulstunde zu gemeinnütziger Arbeit verpflichtet. Der Hausmeister hat immer genügend Aufträge. Der eine sammelt mit der Greifzange Müll auf dem Perelsplatz auf, die andere fegt im Herbst das Laub zusammen. Ist die erste Stunde vorbei, geht es in den Unterricht.

Nun gibt es aber Kandidaten, die kommen mit schöner Regelmäßigkeit zu spät. Da handeln wir frühzeitig: Schon bei der zweiten Verspätung schreiben wir die Familien an, bei der dritten laden wir sie zum Gespräch ein. Es ist uns wichtig, den Eltern zu zeigen, dass wir mit ihnen zusammenarbeiten wollen. Die Stimmung ist also nicht vorwurfsvoll, wir suchen ja gemeinsam eine Lösung. Auch Pubertierende sind absolut in der Lage, sich den Wecker zu stellen und aufzustehen – selbst wenn die alleinerziehende Mutter schon auf der Schicht ist. Die Jugendlichen sind also in erster Linie für ihre Handlungen verantwortlich, nicht die Eltern. Meist sage ich deshalb zur Schülerin oder zum Schüler: «Erklär du mir doch mal, warum wir Erwachsenen, die wir alle etwas Besseres zu tun haben, jetzt heute Morgen hier bei mir im Büro mit dir zusammensitzen?» Den Schülern muss klarwerden: Wir alle bemühen uns hier, damit dein Verhalten besser wird, du zuverlässiger handelst und verstehst, wie wichtig auch Pünktlichkeit ist. Oft empfinden die Eltern es als Erleichterung, dass sie nicht mehr alleine Probleme angehen sollen, sondern Hand in Hand mit der Schule arbeiten.

Dann frage ich immer nach dem Berufswunsch. Jedes Mal. Nehmen wir an, es sitzt nun ein junger Mann auf dem Stuhl. Dann höre ich oft als Antwort: «Fußballer.» Gut, sage ich dann, und bei welchem Verein willst du spielen, in welcher Position? «Bayern und Stürmer.» Damit arbeite ich. Ich sage zum Schüler, er solle sich vorstellen, es sei DFB-Pokalfinale im Olympiastadion. Bayern gegen den BVB. Er sei als Stürmer aufgestellt, die Mannschaften sind schon auf dem Platz, der Schiedsrichter will anpfeifen, aber er steht nicht auf dem Rasen. Weil er zu spät ist. Meist zucken die Schüler schon bei der Vorstellung zusammen. «Wird dich der Trainer danach noch mal aufstellen?», frage ich dann. Daraufhin schüttelt jeder mit dem Kopf. Das mag banal klingen, ist es auch – aber es wirkt sehr oft.

Spätestens dann ist klar, Pünktlichkeit hat seinen Sinn – im Leben, aber auch in der Schule. Eine Gesellschaft beruht auf Verlässlichkeit. Ein Lehrer hat einen Unterricht vorbereitet, aber wenn am Montagmorgen alle fünf Minuten die Tür aufgeht, und ein neuer verpennter Schüler schlurft rein, begrüßt am besten noch ausgiebig die Freunde, dann kann man die Stunde vergessen. Dann kommt keine Konzentration auf, dann kann niemand richtig arbeiten.

Meistens versprechen die Schüler danach, sich zu bessern. Ab jetzt pünktlich zu sein. Und ich glaube ihnen auch. Trotzdem sage ich: «Um dir dabei zu helfen, das Thema wirklich ernst zu nehmen, machen wir es so: Wenn du noch einmal zu spät kommst, meldest du dich eine Woche lang um 6.30 Uhr beim Hausmeister und gehst ihm zur Hand.» Das ist dann wirklich sehr früh für die Schüler – wer das einmal hinter sich gebracht hat, hat danach meist keine Lust, es allzu schnell zu wiederholen. Von zehn Schülern, denen das angedroht wird, kommen danach neun pünktlich. Eine ziemlich gute Quote.

Und wenn sich jemand nicht an die Regeln hält?

Es geht nicht ums Strafen. Wer erziehen will, muss viel mit den Schülern reden. Das Gespräch ist die Grundlage für alles Weitere. Man muss den Jugendlichen immer wieder klarmachen, dass man an sie glaubt, dass vieles im Leben möglich ist, wenn sie sich jetzt anstrengen und am Ende einen Abschluss machen. Und diese Empathie kommt bei uns allen von Herzen, wir haben vielversprechende Schüler. Aber allzu oft stehen sie sich mit ihrem Verhalten selbst im Wege.

Deshalb reicht das Gespräch alleine nicht. Wer es nicht schafft, pünktlich zum Schulbeginn zu erscheinen, wer den Unterricht stört oder gar randaliert, der kriegt bei uns unmittelbare Konsequenzen zu spüren. Denn alleine reden und sich vom Schüler versprechen zu lassen, dass er sich beim nächsten Mal anders verhält, ist nicht genug. Jugendliche haben zu allen Zeiten gegen Regeln verstoßen, haben versucht, mit ihrem Verhalten Grenzen auszutesten. Das ist ganz normal, es gehört zum Erwachsenwerden dazu. Aber wir als Schule müssen dann auch zügig reagieren und die angedrohten Sanktionen verhängen. Die Schüler sollen sich nicht herausreden können, sondern auch mal den Putzlappen, die Müllzange oder die Schubkarre zur Hand nehmen, um in Form von gemeinnütziger Arbeit der Schulgemeinschaft etwas zurückzugeben.

Erziehung darf nicht kalt, nie willkürlich sein. Wir nehmen unsere Schüler ernst, wir zeigen ihnen an jedem Schultag, dass wir sie im Blick haben, sie gerade dadurch wertschätzen. Wenn wir ihnen klare Grenzen aufzeigen, dann nicht um mit Angst zu arbeiten, sondern um sie zu einem vernünftigen Sozialverhalten zu erziehen. Sie müssen wirklich erkennen, dass sie zu weit gegangen sind. Also erhalten sie eine kleine Strafe, eine Hilfe, die ich vorher im Gespräch erläutere und damit für den Schüler nachvollziehbar mache. Danach aber, und das ist entscheidend, wird die Uhr wieder auf null gestellt. So schwer es manchmal Lehrerinnen und Lehrern auch fallen mag, sie dürfen nicht nachtragend sein. Die Schule ist – anders als später das berufliche Leben – ein Ort der neuen Chancen, der frischen Starts. Denn selten klappen Veränderungen beim ersten Mal.

Und wenn so ein Schüler – ob Mädchen oder Junge – drei Wochen später wieder bei mir im Büro sitzt, auf dem «heißen Stuhl» am Tischende, dann darf ich nicht aufgeben. Erziehung braucht einen langen Atem und viele Versuche. Man muss immer wieder kleine Signale setzen. Es braucht Geduld. Auch Mitgefühl. Denn wir haben immer wieder Schüler, die schon als Kind Dinge erlebt haben, die kein Kind erleben sollte. Vernachlässigung, Missbrauch, Gewalt. Das bleibt natürlich nicht ohne Folgen für die Jugendlichen. Aber wir sind keine Therapeuten, wir sind Pädagogen. Ein Schulabschluss ist für solche Jugendlichen womöglich die Fahrkarte aus dem familiären Elend. Als Schule versuchen wir, ein stabiles Gegenüber zu sein, etwas Verlässliches. Aber wir fordern trotzdem Leistung und rücksichtsvolles Benehmen, denn eine schlimme Kindheit kann keine Entschuldigung sein, um sich vor Anstrengung zu drücken oder sich anderen gegenüber wie ein Mobber zu verhalten.

Passiert das doch, muss man ihnen deutlich sagen, was sie falsch gemacht haben – und zwar unmittelbar. Einige brauchen dann eine Weile, bis sie ihren Weg aus den negativen Verhaltensmustern herausfinden, die sie von zu Hause mitgebracht haben. Wenn wir Glück haben, erleben wir noch zu Schulzeiten, wie ein Schüler die Kurve kriegt. Aber nicht immer, manchmal kommt der Wandel erst danach, sogar Jahre später. Dann kehren ab und zu Schüler zu uns zurück und bedanken sich für ihre Zeit hier. Sie sagen, jetzt hätten sie endlich verstanden, was wir damals wollten. Und ja, es gibt auch Fälle, bei denen wir scheitern. Aber versuchen muss man es immer, man darf keinen Schüler aufgeben.

Manche Außenstehenden sind erstaunt, wie dünn unsere Schulordnung ist. Unsere Regeln passen auf ein Blatt, viele sind es nicht. Morgens pünktlich sein, Handys weg, Basecap im Schulgebäude aus Respekt abnehmen, kein Kaugummi in der Schulzeit, kein Essen und Trinken während des Unterrichts. Ganz viele Dinge schreiben wir nicht extra auf, denn es sind geschriebene oder ungeschriebene Regeln unserer Gesellschaft. Dass Schüler sich nicht gegenseitig bedrohen sollen, beschimpfen, gar verprügeln, versteht sich von selbst. Wer da noch unsicher ist, dem ziehe ich gerne das Strafgesetzbuch aus meinem Bücherschrank im Büro, dort steht alles drin. Dass man regelmäßig zur Schule kommt und nur mit triftigem Grund fernbleibt, regelt die Schulpflicht. Und unsere Gesellschaft baut auf Toleranz auf – wir respektieren die politische Meinung, die Religion, auch die Sexualität des anderen, egal wie sie ist. Deshalb schließen wir keine Schulverträge ab, in denen Schüler sich zu einem gewaltfreien, toleranten Miteinander verpflichten. Das sind keine Vertragsgegenstände zwischen Erwachsenen und Kindern, zwischen Schule und Schülern. Das erwarten wir einfach. Müssten wir erst einen Vertrag darüber schließen, hieße das ja, es kann so sein oder auch nicht, darüber müssen wir eben diskutieren. Gewaltfreiheit und Toleranz sind aber nicht verhandelbar.

Unsere wenigen Regeln in der Schulordnung versuchen, das Miteinander im Alltag zu erleichtern. Nun ist es ein für alle Mal festgelegt: Bei uns ist dies oder das nicht erlaubt. Wer sein Handy in die Schule mitbringen will, kann das gerne tun, muss aber dann den Klingelton ausschalten und es in der Tasche lassen. Klingelt es, weiß jeder Schüler, was folgt: Das Telefon verschwindet für vier Wochen, in einem Umschlag verpackt, im Schultresor. Die Spielregeln sind allen klar. Gerade für Lehrer ist das eine enorme Entlastung. Die Schüler schätzen diese Regeln merkwürdigerweise aber auch. Sie wollen gerne Klarheit – was ist erlaubt, was nicht. Und manchmal wirken diese Regeln auch wie ein Ventil, oder besser: die Verstöße gegen die Regeln. Viele arbeiten sich an diesen eher harmlosen Regeln ab, das Basecap bleibt auf dem Kopf, die Airpods verweilen im Ohr. Oft reicht das schon als Rebellion. Meist finden unsere Lehrer darauf die richtige Antwort – immer beginnend mit einer freundlichen Ermahnung.

Doch manchmal verkanten sich Situationen, schaukeln sich hoch, ein Schüler flippt aus. Oder es ist zu viel auf einmal, ein Regelverstoß nach dem anderen, die Lehrer kommen kaum mehr hinterher. Die Schülerin oder der Schüler ist auf Konfrontationskurs. Dann muss ein Lehrer verlässlich wissen, dass er den betreffenden Schüler jetzt ins Sekretariat schicken kann, wo die Schulleitung übernimmt.

Man darf seine Lehrer nicht alleine lassen und ihnen auch damit die Freude an ihrem Beruf rauben. Es ist wichtig, dass eine Schulleitung hinter ihnen steht und ihnen bei der Erziehungsaufgabe hilft. Wenn man als Schulleiter seinen Pädagogen sagt: «Sie sind die Klassenlehrerin oder der Klassenlehrer, das ist Ihre Sache. Sie werden das schon regeln», dann lässt man sie im Stich. Das überfordert die Pädagogen und vergiftet das Schulklima, und die Lehrer hören dann irgendwann auf, genauer hinzuschauen und sich mit schwierigen Schülern auseinanderzusetzen. Sie meiden die Konfrontation. Denn nach diesem Vorfall kommt mit ziemlicher Sicherheit der nächste, dann stehen sie dem wieder alleine gegenüber. Bei uns dagegen ist klar: Meine Tür steht immer offen, ich bin auch dafür da, um schwierige Schülerinnen und Schüler wieder in die

Spur zu bringen. Die Schulleitung ist bei uns präsent. Und dabei hilft ein klares, transparentes Regelsystem. Dieses schnelle Reagieren auch auf eher harmlose Vorfälle hat dazu geführt, dass schwere Regelverstöße deutlich abgenommen haben.

Nicht wegschauen!

Aber es gibt sie weiterhin, auch bei uns. Drogen, Gewalt, Respektlosigkeiten, wir kennen das alles. Wir sind eine Schule mitten in Berlin mit Schülern, die teilweise aus schwierigen Verhältnissen stammen, und in einer Stadt, die selbst zunehmend regellos wirkt. Kein Jugendlicher kann an den Hot Spots Kreuzbergs oder Friedrichshains aus der U- oder S-Bahn steigen, ohne nicht wiederholt auf Drogen angesprochen zu werden. «Willst du was kaufen?» Natürlich schwappt das in unsere Schule hinein, plötzlich bricht morgens eine Schülerin zusammen, der Kreislauf, ein Krankenwagen muss kommen. Ein Mitschüler hatte ihr «Gras» verkauft. In solchen Fällen ist es wichtig, dass die Schule reagiert, und zwar unmittelbar. Wir müssen herausfinden, wer alles beteiligt war. Diese Schüler landen dann einzeln bei mir, der Klassenlehrer kommt dazu, auch die Eltern beziehungsweise ein Elternteil oder ein Vormund. Und es gibt Konsequenzen, für alle Beteiligten. Wer verkauft hat, wird für zwei Wochen vom Unterricht suspendiert. Und wer konsumiert hat, kommt zwei Wochen lang eine Stunde früher zur Schule, um beim Hausmeister mit anzupacken. Wie immer wird alles in den Schülerakten dokumentiert, damit wir den Überblick behalten. Dazu gehört auch, dass die Schüler selbst zu Papier bringen, was passiert ist. Und auch, wie sie es das nächste Mal besser machen wollen.

Wir informieren auch die Polizei über eine Kontaktbeamtin vor Ort, mit der wir eng zusammenarbeiten. Aber auch das ist Berlin – Polizei und Justiz sind völlig überlastet, mehr als eine Vorladung manchmal Monate später, so unsere Erfahrung, wird nach einer Anzeige bei solchen scheinbar kleinen Delikten in der Regel nicht folgen. Kleinere Straftaten haben für Jugendliche meist keinerlei juristische Konsequenzen, vieles wird später als Nichtigkeit eingestellt. Das ist in meinen Augen die falsche Botschaft. Umso wichtiger, dass wir als Schule klare Signale setzen. Denn genau hier müssen wir ansetzen und erziehen. Für uns als Schule ist so ein Drogenkonsum alles andere als ein kleines Delikt. Wir kennen die Schüler, wir wissen von ihren Begabungen, wissen auch, welches Päckchen sie oft bislang im Leben zu tragen hatten. Sie werden noch mal eine Chance kriegen.

Was aber nicht geht, ist, als Schule wegzuschauen. Also resigniert die Tür zuzumachen, ob die der Schulleitung oder die des Lehrerzimmers, hilflos mit den Schultern zu zucken und zu sagen: Was kann man da schon machen? Das kriegen wir eh nicht in den Griff. Erziehung ist Arbeit, sie ist anstrengend, sie fordert uns Pädagogen und auch die anderen Mitarbeiter der Schule Tag für Tag. Doch sie ist die Voraussetzung für das Lernen.

«Strengster Schulleiter Deutschlands», dieser Titel wurde mir vor Jahren in der Boulevardpresse verliehen.

Klingt ja auch knackig. Uns an der Schule ist es wichtig, keine Black Box zu sein. Wir lassen die Öffentlichkeit hinein, warum auch nicht? Von unserem Schulkonzept sind wir überzeugt. Werden wir medial porträtiert, besonders von Fernseh-Privatsendern, filmt die Kamera mich als Schulleiter gerne von unten, vermutlich sehe ich dann eher wie eine Autorität aus. «Hier herrschen noch preußische Tugenden», «harte Hand» oder «Kontrolle total» heißt es dann aus dem Off. Es klingt manchmal so, als spielten wir bei uns im Schulgebäude die Feuerzangenbowle nach. Und mir gebührt offenbar die Rolle des überbetonenden Professors der Chemie Crey, auch «Schnauz» genannt: «Möt der Schule ist es wie möt der Medizin. Sie muss bitta schmecken! Sonst wirkt sie nicht.» Das ist natürlich alles Quatsch.

Unsere Wertschätzung der Regeln ist sicherlich kein privater Spleen des Schulleiters oder Produkt einer Sehnsucht nach der guten alten Zeit. Sie ist auch nicht über Nacht entstanden. Meine Erfahrung aus vielen Jahren der Arbeit an Brennpunktschulen ist: Ohne dass man als Team zusammenarbeitet, ohne Rückhalt von oben, bricht eine Schule zusammen. Dann war die Schulzeit fast umsonst, dann lernen die Schüler nicht mehr viel. Aber um das zu verstehen, habe auch ich eine Weile gebraucht. Ich bin jetzt über vierzig Jahre im Dienst. Am Anfang, als ich damals in Kreuzberg begann, hatte ich überhaupt keine Vorstellung, was eine Schule sein sollte. Und dann habe ich sehr viele Erfahrungen gemacht, darunter waren gute und auch furchtbar schlimme Erlebnisse. Daraus hat sich Stück für Stück diese Art der Pädagogik entwickelt.

Es lohnt sich also, eine Zeitreise zu machen, zurück ins Westberlin des späten 20. Jahrhunderts, um zu begreifen, dass nichts, was wir heute erleben, wirklich neu ist. Viele Probleme kennen wir schon seit Jahrzehnten. Und trotz der vielen Schulreformen, die es in allen Bundesländern gab und gibt, scheinen wir bis heute einer Lösung kaum näher gekommen.

Lehrjahre im Chaos

Schulentwicklung, Schulprobleme, Schulreformen – diese scheinbar abstrakten Themen werden sehr schnell konkret, wenn der eigene Nachwuchs in die Schule kommt. Viele Eltern spüren von Beginn an den Druck: Das Kind ist nur eine begrenzte Zeit lang in der Schule, aber diese Zeit ist lebensprägend und sehr wichtig, denn verlorene Schuljahre aufzuholen ist so gut wie unmöglich. Jetzt bloß alles richtig machen. Eben war das Kind noch im Kindergarten, dann kommt der Tag der Einschulung näher. Eltern, alleinerziehende Mütter oder Väter beginnen nun, sich erste Gedanken zu machen. Wo soll das Kind zur Grundschule gehen? Haben wir eine Einzugsgrundschule, die wir akzeptieren? Hauptsache in der Nachbarschaft, ist das unser Ziel? «Kurze Beine, kurze Wege», lautet das berühmte Grundschulmotto – alles soll wohnortnah bleiben, damit Kinder früh selbständig werden können, bald sogar alleine zur Schule laufen. Oder, fragen sich manche Eltern, suchen wir ein bestimmtes Schulprofil für unser Kind? Eine mehrsprachige Schule vielleicht. Oder eine Grundschule mit Reformpädagogik. Eine Privatschule mit allerlei Zusatzangeboten. Überhaupt: Wo gehen die Freunde aus dem Kindergarten hin? Auch das ist wichtig.

Und dann stehen sie am Tag der Einschulung in der

Aula, halten die Schultüte des Nachwuchses fest, während ihr Kind nach vorne gerufen wird. Urplötzlich sieht man sich als Eltern mit Unterrichtsmethoden konfrontiert, die man aus der eigenen Zeit nicht kannte. Das Kind geht nun nicht mehr in eine Klasse, sondern besucht möglicherweise eine Lerngruppe. Dort sitzen nicht nur die Schüler der ersten Klasse zusammen, sondern auch die der zweiten oder gar dritten Klasse. Jahrgangsübergreifendes Lernen nennt man das. Oder es gibt nicht mehr eine Klassenlehrerin oder einen Klassenlehrer. Nein. Den erstaunten Eltern, Großeltern, Patentanten und -onkeln in der Aula stellt sich ein «multiprofessionelles Team» vor, welches sich ab jetzt um ihr Kind kümmern wird. Da ist die klassische Lehrkraft, aber auch die Sozialpädagogin, der Erzieher, vielleicht sogar eine Logopädin, ein Ergotherapeut, eine Fachkraft für «Deutsch als Fremdsprache». Und statt Noten gibt es ein regelmäßiges «Feedback» über die Lernentwicklung des Schülers.

Dem einen oder der anderen geht da womöglich durch den Kopf: Das ist ja alles völlig anders als bei mir früher. Das hat es doch damals nicht gegeben. Ist das hier noch eine Schule, oder tendiert es mehr zu einer pädagogischen Tagespflege? Was ist bloß aus der guten alten Lehranstalt geworden? Ein multiprofessionelles, multiseltsames Versuchslabor?

Lehrer im Reservat Kreuzberg

Doch so neu ist das alles nicht. Im Gegenteil, viele dieser scheinbar radikal neuen pädagogischen Konzepte haben eine jahrzehntelange Tradition. Und es gab einen Ort in der alten Bundesrepublik, dort stand es tatsächlich, das Labor für diese moderne Pädagogik: im Berliner Bezirk Kreuzberg der 70er und 80er Jahre. Hier wurde fleißig experimentiert.

Eigentlich alles, was wir heute im deutschlandweiten Großversuch haben, ist dort schon ausprobiert worden. Jede Schule hatte sich damals irgendetwas Besonderes auf die Fahnen geschrieben: Lernen ohne Noten, Teammodelle, jahrgangsübergreifendes Lernen, Inklusion, «Ausländerklassen», ganz ähnlich aufgebaut wie die heutigen «Willkommensklassen», «Internationale Förderklassen», «Vorbereitungsklassen» – je nach Bundesland. Eigentlich alles, was heute noch manchen irritieren mag, ist dort schon umgesetzt worden. Damals in Kreuzberg zu arbeiten und alles zu erleben, war wie ein zweites Pädagogik-Studium. Ich habe es erlebt, denn ich war seit 1978 dort Lehrer. Keine pädagogische Mode ging an uns vorbei. So manche ging von uns aus.

Wer heute den Stadtteil im Zentrum Berlins kennenlernt, so lebendig, zunehmend zurechtgemacht und in immer mehr Straßenzügen zumindest mittelständisch, der kann sich kaum vorstellen, wie isoliert Kreuzberg in der Zeit der Berliner Mauer war. Besonders Kreuzberg 36, dort, wo ich als Lehrer an der Gerhart-Hauptmann-Oberschule begann, damals eine Hauptschule. Sehr viel später dominierte diese Schule eine Weile die Nachrichten, aber da war sie längst stillgelegt. Das große leere Gebäude mit seinen vielen Räumen wurde über Jahre von Flüchtlingen besetzt, bis die Polizei 2018 die Hauptmann-Schule, die keine mehr war, zwangsräumte. Seitdem steht sie – trotz großen Schulplatzmangels in der Stadt – weitgehend leer, nur ein Teil wird von der Obdachlosenhilfe genutzt. Es ist, als sei hier die Zeit stehengeblieben.

Doch das gilt nicht für die unmittelbare Umgebung. Drum herum wird das Leben aufgehübscht, sprich gentrifiziert. Im nahegelegenen Umspannwerk an der Ohlauer Straße serviert man im edlen Restaurant «Essenz mit Gelbschwanzmakrele» oder «Schorfheider Reh mit Aprikosen, Pfifferling und wildem Brokkoli» – Letzteres für 39 Euro. Die Brache des Görlitzer Bahnhofs ist zum Park geworden, wenn auch zu einem rauen, von Drogendealern beherrschten. Am Paul-Lincke-Ufer werden Vier-Zimmer-Wohnungen mit Blick auf den Kanal für über eine Million Euro verkauft. Neue Zeiten sind angebrochen.

Wenn wir damals zu Westberliner Zeiten aus den Fenstern der Gerhart-Hauptmann-Schule schauten, konnten wir jeden zweiten Tag riesige Schlangen von Polizei-Mannschaftswagen, sogenannten Wannen, sehen. Allein in dieser Gegend standen eine Vielzahl besetzter Häuser, eigentlich gab es jeden Tag Randale. Der Kreuzberger Konflikt ist bekannt: Straßenzügeweise sollten Altbauten abgerissen und durch Neubauten ersetzt werden. Doch spätestens in den frühen 80er Jahren war klar, dass viele die Pläne des damaligen Senats und die Immobilienspekulationen nicht hinnehmen wollten. Man besetzte den Wohnraum, wehrte sich. Es folgten Unruhen, Straßenschlachten, Gewalt. Geborstene Scheiben in den Telefonzellen, Pflastersteine auf der Straße, umgekippte oder ausgebrannte Autos – normal. Überall gesprühte Parolen an den Wänden: «Wer keinen Mut zum Träumen hat, hat keine Kraft zum Kämpfen» – Revolutionspoesie. Unsere Schüler bekamen das alles mit, hautnah, tagtäglich. Es war eine raue Zeit. Nicht nur weil die Winter damals in Berlin noch viel kälter waren.

Dazu kam die räumliche Isolation von Kreuzberg 36. Wir waren ein Ghetto, ein Reservat. Denn weite Bereiche des Stadtteils umschloss die Berliner Mauer. Richtung Norden und Osten war kein Entkommen, da endete jede Straße direkt an der Stahlbetonwand oder an der Spree, die als Staatsgrenze galt – zumindest zwischen der «Hauptstadt der DDR» und der Frontstadt Westberlin, diesem teilweise selbständigen und seltsamen politischen Gebilde tief im Osten Deutschlands. Manche Kreuzberger Häuser lagen so dicht an der mit bunten Graffiti besprühten Mauer, dass sie nur auf einem schmalen Fußweg, der vermutlich formal schon zu Ostberlin gehörte und unmittelbar vor der Grenzmauer lag, erreicht werden konnten. Auf der südlichen Seite trennte der Landwehrkanal den Kiez von Neukölln ab.

Aber nicht nur Hausbesetzer und Autonome bestimmten das Bild. In Kreuzberg hatte innerhalb kürzester Zeit ein regelrechter Bevölkerungsaustausch begonnen. Die Bausubstanz war ja damals völlig heruntergekommen, die Eigentümer hatten seit Jahrzehnten nichts mehr an ihren Mietskasernen gemacht. Warum auch? Sie spekulierten ja auf den Abriss. Oft konnte man noch Kriegsschäden erkennen, Einschusslöcher in den Fassaden waren ein vertrauter Anblick, manche Straßenzüge waren regelrecht zersiebt. Es fehlten Vorderhäuser, Seitenflügel, Hinterhäuser, je nachdem, wohin die Bomben gefallen waren. An nackten Brandwänden sah man die geisterhaften Schemen früherer Treppenhäuser des Nachbarhauses, das im Krieg weggebombt worden war. An vielen Fassaden der Häuser waren Teile des Putzes heruntergebrochen, und das nackte Mauerwerk schaute hervor. Das zentral gelegene Kreuzberg war traditionell eng bebaut worden, eben Heimat der Berliner Mietskaserne. Nun war es ein Arbeiterviertel, das ohne Zukunft vor sich hin gammelte – die Industrie der Stadt war trotz Berlinförderung längst ins sichere Westdeutschland geflohen. Geblieben war ein kläglicher subventionierter Rest. Das spürte man hier an jeder Ecke. An manchen Gebäuden konnte man noch Schriften einer vergangenen Welt entziffern, «Kartoffeln und Heringe», «Kolonialwaren», «Wring- und Waschanstalt». Die Läden selbst waren längst geschlossen.

Und als dann ab den 70er Jahren in Westberlin die Neubaugebiete entstanden – wie die Hochhäuser der Gropiusstadt in Neukölln, das Märkische Viertel im nördlichen Reinickendorf oder die Trabantenstadt im südlichen Marienfelde –, zogen es die Kreuzberger-«Urbewohner», die verbliebenen Arbeiterfamilien, vor, dorthin zu gehen. Wer konnte es ihnen verdenken? Die zeitgemäßen Wohnungen in den Hochhäusern hatten Badezimmer mit Dusche und Toilette, auch Zentralheizung. Die Fenster schlossen, nichts schimmelte an der Wand, es gab einen

Fahrstuhl. In Kreuzberg waren die meisten Altbauten ohne Bad, die Toilette lag als Außenklo auf der Zwischentreppe. Geheizt wurde mit Kohleofen, der Kohlehändler lieferte die Briketts vor das Haus oder in den Hof.

Als ganz normaler Mieter, der tagsüber hart arbeitet, wollte man so nicht mehr leben. Denn egal, wie schön man es sich in den eigenen vier Wänden eingerichtet hatte – trat man aus dem Haus, sah es heruntergewirtschaftet aus. Später würde eine behutsame Stadtsanierung vor Augen führen, was für Kleinode diese Häuser eigentlich waren. Aber noch nicht in den 70er und frühen 80er Jahren. Nach Einbruch der Dunkelheit verstärkte sich der morbide, verfallene Charme Kreuzbergs durch die Gaslaternen, die in weitem Abstand standen. Es war wie eine Zeitreise in einen Schwarz-Weiß-Film der 20er Jahre. Wer konnte, zog weg ins moderne Hochhaus. Wenig später geschah das Gleiche in Ostberlin, wo sich der Prenzlauer Berg und Teile von Mitte leerten, weil die Werktätigen lieber in Marzahn und später Hellersdorf lebten.

Die Wohnungen standen also leer, fast alle sollten abgerissen werden, um auch in Kreuzberg Platz für Hochhäuser und breite Autotrassen zu schaffen. Den Häusern, die unmittelbar vor dem Abriss standen, sah man ihr Schicksal schon an. In den oberen Etagen waren die Fensterflügel ausgehängt, die Fensterkreuze herausgebrochen. Wind, Regen und Schnee fegten durch die Räume und beschleunigten den natürlichen Verfall. Aus manchen schon teilabgerissenen Häusern drang im Erdgeschoss der Schutt durch das Ladenlokal, dem längst die Scheibe fehlte. Nach dem Abriss blieben von solchen Häusern nur

Trümmerberge, die den Trümmerbergen des Kriegsendes berührend ähnelten. Ganze Straßenzüge wurden so niedergelegt. Und doch, selbst wenn oben schon die Fenster schwarze, leblose Löcher waren, konnte es sein, dass sich ganz unten, im Erdgeschoss, noch ein Laden hielt. Ein Fleischer, ein Bäcker, eine Kneipe. Zumindest wenn die Ladenscheiben noch nicht mit Brettern vernagelt oder die verblichenen Holzrollos dauerhaft geschlossen waren.

Unterricht an der «Restschule»

Denn Kreuzberg war längst nicht tot. Es zogen neue Bewohner ein, fast überwiegend aus der Türkei. Die «Gastarbeiter», wie man damals sagte. Unsere Schule bekam das schnell zu spüren. Als ich dort im Sommer 1978 begann, stammten schon fünfundsiebzig Prozent der Schüler aus Familien, die aus dem Ausland nach Berlin gezogen waren. Wenige Jahre zuvor, 1972, lag der Anteil nicht deutscher Kinder an der Hauptschule in Kreuzberg noch bei zweiundzwanzig Prozent. Was für ein radikaler Wandel!

Bald hieß es, die Hauptschule sei eine «Ausländerschule». Das Label «Restschule» trugen wir eh schon – 1975 schrieb der Westberliner Pädagogik-Professor Ulf Preuss-Lausitz mit dem Aufsatz «Von der Hauptschule zur Restschule» die Ouvertüre zum Abgesang. «Die Hauptschule ist am Ende», hieß es dort. Grundlage für seine Einschätzung waren die Hauptschulen Westberlins. «Die Realität der Hauptschule – Verweigerung des Schulbesuchs durch Schwänzen, Apathie im Unterricht, Aggression gegen Lehrer, Mitschüler und Gegenstände», begründete damals Preuss-Lausitz seine Grabrede. Unser Ruf war denkbar schlecht.

An unserer Hauptschule hatten wir jedes Jahr rund 120 Schulplätze für den neuen Jahrgang, aber wir kamen in jenen Jahren nie über zehn freiwillige Anmeldungen hinaus. Jeder, der konnte und das System verstand, versuchte zunächst, sein Kind woanders unterzubringen. Ein Gymnasium gab es nicht in SO 36, dafür musste man zumindest ein bisschen weiter nach Kreuzberg 61 fahren. Aber als Alternativen boten sich Real- oder die neu aufkommenden Gesamtschulen an. Dort bewarben sich viele. Wer also am Ende bei uns an der Gerhart-Hauptmann-Schule landete, hatte es tatsächlich nirgends sonst geschafft. Und ja, unsere Schule war immer bis auf den letzten Platz gefüllt. Sechzig Prozent der Kreuzberger Schüler besuchten Ende der 70er Jahre eine Hauptschule, wogegen es im bürgerlichen Zehlendorf nur knapp zwanzig Prozent waren. Doch freiwillig kam zu uns niemand. Die Schüler wurden uns vom Schulamt zugewiesen. Insofern waren wir tatsächlich, so traurig es klingt, eine Restschule.

Das wirkte sich auch auf die Lehrer aus. Es war nicht leicht für uns, Pädagogen zu finden, die bereit waren, bei uns in Kreuzberg an der Hauptschule anzufangen – wenn man doch auch in Charlottenburg, Wilmersdorf oder Zehlendorf arbeiten konnte. Damals gab es zwölf Westberliner Bezirke, und jeder Bezirk hatte Personalhoheit. Man konnte sich also an zwölf verschiedenen Städten in der Stadt bewerben. Und nicht jeder kam mit dem Hauptschulniveau gut klar, Mathelehrer beispielsweise, die in der sechsten, siebten oder achten Klasse immer noch das kleine Einmaleins mit ihren heranwachsenden Schülern pauken mussten. So jemand ging häufig nach einiger Zeit, weil er sich sagte: «Das ist eigentlich nicht das, was ich mir unter Schule vorgestellt habe.» Wir mussten viel dafür tun, Pädagogen für unsere Schule zu finden. Und wir hatten fast immer einen Lehrermangel. Denn selbst wenn der Schulrat uns vor den Sommerferien versprach: «Die fehlenden sechs Lehrer für das nächste Schuljahr schicke ich Ihnen nach den Ferien», musste das nichts heißen. Nach den Ferien tauchte oft keine weitere Lehrerin und kein weiterer Lehrer auf. So lernten wir, mit dem Mangel zu leben.

Unter den Lehrern, die in unserer Schule landeten, gab es große Unterschiede. Manche, die zu uns kamen, lebten ihre revolutionären Phantasien aus, die damals so populär waren. Ein kurzer letzter Moment der Freiheit in ihrem Leben wie bei unserem selbsterklärten «Stadtindianer», der für die Stundenpläne der Schule verantwortlich war. Er löste diese Mammutaufgabe fast schamanisch, lange Zeit schaute er dabei an die Decke, um dann – als sei er von einem bewusstseinserweiternden Trip zurückgekehrt – den Stundenplan des Gesamtkollegiums wie im Rausch zusammenzustellen. Für solche Kollegen schien Kreuzberg wie eine Verlängerung der Jugend, noch ein letztes Mal ausbrechen, bevor man ins Spießertum abglitt. Im Lehrerzimmer der Hauptmann-Schule hatten wir eine meterlange, unschön grüne Schrankwand aus Kunststoff, auf der irgendein Pädagoge in großen Lettern gesprüht hatte: «Dass in diesem Land nie wieder ein Joint ausgehen möge». Gepflegtes Deutsch, keine Frage. Aber ein kiffender Lehrer als Vorbild? Unser Telefon im Lehrerzimmer hatte ein Witzbold-Kollege rot angestrichen, das Kabel durchgeschnitten und wieder zusammengeknotet. Kein Anschluss unter diesem roten Telefon, dem Apparat der Mächtigen, das war die kindische Ironie dieser Jahre. Wir entschlossen uns daraufhin notgedrungen, die Gesamtkonferenzen, zu denen manchmal der Schulrat kam, in der Aula abzuhalten. Und nicht im besprühten Lehrerzimmer mit dem Joint-Spruch an der Schrankwand und dem kaputten roten Telefon.

Der Schulrat hatte es nicht leicht mit unseren Lehrern. Auf Gesamtkonferenzen wurde gerne mal das eine oder andere Bier getrunken. Einmal meldete sich der Schulrat zu Wort, er sagte: «Kolleginnen und Kollegen, ich bin doch sehr irritiert, dass Sie hier Alkohol während der Konferenz trinken. Ich möchte doch bitten, dass das eingestellt wird.» Damals hatten ja viele Bierflaschen noch einen Bügelverschluss und keinen Kronkorken. Auf jeden Fall machte es unmittelbar nach den Worten des Schulrats in der Aula gut hörbar: plopp. Eine weitere Flasche war geöffnet worden. Nun wiederholte der Schulrat: «Ich möchte doch wirklich bitten, dass das Biertrinken eingestellt wird.» Und drohte: «Wenn noch etwas geöffnet wird, dann schließe ich die Konferenz.» Plopp. Da wurde die Gesamtkonferenz geschlossen.

Sehr eigenwillige Lehrergestalten wurden bei uns heimisch, zumindest für eine Weile. Einer kam schon zum Bewerbungsgespräch mit seinem Schäferhund. Er machte gleich klar, dieser Hund werde ihn überallhin begleiten, ohne Hund war dieser Lehrer nicht zu haben. Aber der Lehrermangel war groß, also bekam er die Stelle. Jeden Morgen sah man Herr und Hund gemeinsam über den Schulhof laufen, sechs Beine, Seit an Seit. Auch auf Gesamtkonferenzen war das Paar ein festes Bild, Schulrat und Oberschulrat kannten Lehrer und Tier, letzteres allein schon darum, weil es manchmal in der Aula in eine der Wortmeldungen hineinbellte. Dann war ihm jemand aus Versehen auf den Schwanz getreten.

Eines Morgens wollte der Konrektor diesen Lehrer in seinem Klassenzimmer aufsuchen, um ihm dringend etwas mitzuteilen. Doch als er die Tür öffnete, saß vorne am Pult kein Lehrer – da hockte der Schäferhund. Die Schüler dagegen hatten sich verängstigt in den hintersten Winkel des Raums verschanzt, scharf beobachtet vom Hund. Es stellte sich heraus, der Lehrer hatte die Schüler einfach während des Unterrichts mit seinem Tier alleine gelassen, um zu einem späten Frühstück ins Lehrerzimmer einzukehren.

Die schleichende Desillusionierung der fortschrittlichen Lehrer

Und dann war da noch der «Typus des neuen Lehrers». Einige dieser Lehrerinnen und Lehrer waren beseelt von einer verklärten sozialromantischen Vorstellung des «Arbeiterkindes» oder auch des «Ausländerkindes». Viele verließen ja damals die Universitäten und Pädagogischen Hochschulen mit dem Traum eines radikalen Gesellschaftsumbaus. Diese Hoffnung trugen sie bis in die Lehrerzimmer. Als ich 1978 an der Gerhart-Hauptmann-Schule anfing, waren in der Lehrerschaft eigentlich alle K-Gruppen vertreten, die ich schon aus der Studentenwelt kannte: DKP, KPD, KPDML, SEW, Leninisten, Maoisten, Trotzkisten. Diese Gruppen haben wir nun alle in unserer Schule gehabt, und deren Anhänger debattierten nächtelang. Die waren sich ja untereinander spinnefeind.

Die Schüler aber und ihr Unterricht waren dabei nur Nebenkriegsschauplatz. Das klingt brutal, aber oft stimmte es. Natürlich, theoretisch wollte man die anvertrauten Jugendlichen ins Arbeiterparadies befördern, aber eben nur theoretisch. Denn praktisch ging es kaum mehr darum, ihnen Wissen zu vermitteln, damit sie in Zukunft ein selbstbestimmtes Leben führen konnten. Zu verliebt war man in die Idee, die Gesellschaft zu revolutionieren. Unsere Schule sollte wohl als erstes Modell dienen, hier würde der radikale Wandel einsetzen. Eine Keimzelle mitten in Kreuzberg.

Mein Eindruck war auch, das gilt übrigens bis heute, dass die meisten dieser Lehrer aus der Mittelschicht stammten. Nur selten wurde jemand als Arbeiterkind später Lehrer. Womöglich hatten deshalb viele keine Vorstellung davon, was für Schüler, die keinen Mittelstandhintergrund hatten, wirklich wichtig ist. Dass sie Jugendliche vor sich hatten, für die oder den die Schule die einzige Chance war, um gut im Leben anzukommen. Jemand, der keine Sicherheit zu Hause hat, keine Eltern, die schulische Probleme auffangen, keine Firma, in die man später einsteigt, kein Erbe. Nur wenn diese Schüler in der Schule das

Rüstzeug erhalten, um das Leben einigermaßen zu meistern, dann können sie es schaffen. Ansonsten bleibt ihnen nur noch das Sozialamt.

Aber genau das interessierte viele Lehrer nicht wirklich. Bei uns wurde lieber zwei Stunden diskutiert, um eine Tagesordnung der Gesamtkonferenz festzulegen. Zwei Stunden, nur für die Tagesordnung! Danach wütete man über den Nato-Doppelbeschluss oder rief zu irgendeiner Solidaritätskundgebung auf, konkrete Schulprobleme waren dagegen Nebensache. Um 22 Uhr brüllte dann der Hausmeister der Schule, er wolle jetzt endlich abschließen und schlafen gehen. Dann hieß es lapidar: geht morgen weiter.

Diese Lehrer waren damals alle sehr jung und noch voller Energie, voller Illusionen und auch voller Leidensfähigkeit. Zumindest eine Weile. «Nicht selten resignieren gerade jüngere Lehrer, die mit einigem Enthusiasmus bewusst an die Hauptschule gegangen sind, an der Wirklichkeit der Hauptschule», hieß es 1975 in einer Publikation des Rotbuch-Verlags über eine Westberliner Hauptschule. Der Pädagoge und Autor Henning Kuhlmann erzählte darin, wie er in Charlottenburg mit seiner Vorstellung von einem «neuen Typus des Lehrers» scheiterte, «einem Lehrer nicht nur ohne Vorurteile, sondern mit Parteinahme für die Arbeiterkinder». Seinen «höhenfliegenden Vorstellungen» ging, wie er selbst schrieb, schnell «die Puste aus». Denn ihm gegenüber saßen ganz normale Schüler, eine in Cliquen zersplitterte neunte Klasse, die nur bedingt leistungsmotiviert war. Kuhlmann berichtete, wie er immer wieder neue Formen des Unterrichts ausprobierte: neue

Sitzordnung, Gruppenarbeit, Einsatz von Tonbändern und Arbeitsblättern, Klassendiskussionen statt lehrerzentrierten Unterrichts. Häufig blieb der Erfolg aber aus. Die Schüler selbst sprachen von «Chaos».

Am Ende richtete der verzweifelte Lehrer an seine Charlottenburger Schüler einen offenen Brief. Er begann mit einer chinesischen Parabel über eine gutmütige Frau, die sich eine finstere Maske zulegt, damit sie nicht mehr von ihren Nachbarn ausgenutzt wird. «Was heißt das für die Situation in der Klasse?», fragte der an die Schüler gerichtete Brief nach der Geschichte. «Ganz einfach: Ihr erbringt keine Gegenleistungen, und ich bin es leid, für euch den Kopf hinzuhalten. Also werde ich die Maske des autoritären Lehrers aufsetzen. Nicht dass ich meine, ihr wärt bösartig. Aber ihr zeigt täglich, dass ihr die Freiheit, die euch eingeräumt wird, falsch versteht.»

Der Lehrer beklagte, seine Schüler rauchten neuerdings auf dem Flur und auch in der Klasse, alberten ständig in den Schulstunden herum, schwänzten den Unterricht oder machten Lehrer, die «sich nicht durchsetzen können», systematisch fertig. Auch mit dem kritischen Denken sei es nicht weit her. «Kritik heißt für euch offenbar nichts anderes mehr, als überall herumzumäkeln und überall aufzumotzen.» Er als Lehrer sei es auch leid, von älteren Kollegen signalisiert zu bekommen, wohin seine Erziehungsmethoden führten – zu immer neuen Beschwerden nämlich.

Die Enttäuschung, die er über seine Schüler verspürt, wird in jeder Zeile deutlich: «Ich weiß, ihr seid eigentlich ‹dufte Kumpel›, aber was nutzt mir das?» Die Schüler müssten schlicht mehr für die Schule tun, sich «auf den Hosenboden» setzen und «aktiv arbeiten». Er endet: «Wie gesagt, ich spiele nicht mehr mit. Ihr habt eine Menge guter Ansätze gezeigt. Ihr habt begonnen, frei zu sprechen, euch um die Probleme der anderen zu kümmern. Es hat mir zeitweise wirklich Spaß gemacht, wenn ich wusste, jetzt habe ich bei euch Unterricht. Aber ihr habt den Dreh nicht gekriegt, habt euch für wer weiß was gehalten und glaubt, ‹den großen Mann› spielen zu können.» Er werde deshalb ab jetzt andere Saiten aufziehen. Am Ende der zwei enggetippten Blätter findet sich noch ein Nachsatz in Klammern: «Diesen Zettel lest euch ruhig ein paar Mal durch und hängt ihn euch übers Bett!»

Man spürt beim Lesen fast körperlich die Enttäuschung. Wie viel Kraft musste ihn das Schreiben des Briefes gekostet haben. Wie viel Kraft die Monate zuvor. Er war völlig ausgelaugt, heute würde man es «Burn-out» nennen. Das kam nicht selten vor. Das überbordende Wohlwollen, mit den man den Schülern gegenübertrat, wurde von denen nicht gewürdigt. Manchen Lehrern ging so mit den Jahren sozusagen die Luft aus. Dazu kam das schleichende Gefühl, es sei an der Zeit, diese Kreuzberger Dauerjugendphase zu beenden und langsam bürgerlich zu werden. Also wechselten sie den Arbeitsplatz. Oft genug drehten solche Lehrer der Frontstadt ganz den Rücken zu, gingen zurück nach Baden-Württemberg, nach Nordrhein-Westfalen oder wo immer sie aus Westdeutschland hergekommen waren. Fast alle unsere Lehrer waren Zugezogene. Jetzt kam ihre SO-36-Phase zu einem Ende. Sie etablierten sich und erzählen vermutlich heute noch ihren Enkelkindern von ihren wilden Jahren damals in Kreuzberg, wo sie richtig auf den Putz gehauen hatten und die Arbeiterkinder befreiten.

Wir aber, die wir hier geboren waren und hierblieben, saßen da mit unseren Kreuzberger Schülern und mussten die Scherben der pädagogischen Hinterlassenschaft der Ausflügler aus dem Westen aufkehren. Diese Lehrer hatten kurz Revolution gespielt, hatten sich oft genug als die besten Kumpel der Schüler dargestellt, und als sie die Nase voll davon hatten, waren sie gegangen. Die Folgen ihres Tuns aber mussten ihre Schüler tragen. Verantwortung übernahmen die flüchtigen Lehrer dafür nicht. Sie hatten sich selbst eine Weile verwirklicht, alles andere schien ihnen egal.

Natürlich kann jeder Lehrer seinen, kann jede Schule ihren eigenen Unterricht revolutionieren, kann herumexperimentieren, so viel sie oder er will. Aber das Mindeste ist doch, danach die Folgen zu tragen – im guten wie im schlechten Sinne. Und wenn es nicht geklappt hat, darf man es nicht am Ende anderen überlassen, alles wieder einigermaßen ins Lot zu bringen und zu richten. Diese Lehrer damals haben ihre Schüler im Stich gelassen. Als alles am Boden lag, haben sie sich einfach vom Acker gemacht. Raus aus dem düsteren Kreuzberg, zurück in ihre heile bürgerliche Welt, aus der sie stammten.

Egal, was der politische Zeitgeist gerade wispert, egal, welche pädagogische Mode gerade en vogue ist, welche Reformen beklatscht werden, eines muss doch klar sein: Im Zentrum müssen immer die Schüler stehen. Um ihnen etwas beizubringen, sind wir Lehrer geworden. Und nicht um unsere pädagogischen Ideen oder gar Hirngespinste umzusetzen, koste es, was es wolle. Wir sollten aufhören, als Pädagogen irgendwelchen Schimären nachzuhängen. Stattdessen müssen wir immer wieder konkret schauen: Wo haben meine Schüler Defizite? Und was kann ich machen, um das zu ändern? Der Schüler steht im Zentrum. Nicht die pädagogischen Träume der Erziehungswissenschaftler. Und auch nicht wir Lehrer.

Aber was wir Lehrer brauchen, genauso wie heutzutage die vielen Quer- und Seiteneinsteiger, sind erleichternde Strukturen, die es uns möglich machen, unseren Beruf lange und gut auszuüben, nicht nur einige Jahre. Eindrücklich ist der aktuelle Bericht eines Seiteneinsteigers in einer Spandauer Grundschule über seinen Beginn, der neulich in einer Berliner Zeitung zu lesen war. Mindestens vier verhaltensauffällige Kinder hat dieser jüngere Mann in der Klasse, eines davon nimmt Medikamente. Viele Schulen in dem Stadtteil am Rande der Hauptstadt gelten als schwierig, deshalb konnte man in Spandau zuletzt kaum noch klassisch ausgebildete Lehrer gewinnen und muss sich mit Quer- und Seiteneinsteigern behelfen.

Die erste Woche ist noch nicht vergangen, da tritt ein Viertklässler den anderen blutig, es gibt einen großen Tumult in der Klasse, der ausrastende Schüler ist völlig außer sich. Das Ganze verlagert sich bis auf den Flur, wo ein Chaos ausbricht. Kein anderer Lehrer kommt in diesem aufgeheizten Moment dem Neuling zu Hilfe, obwohl alle es gesehen oder gehört haben. Irgendwann, er hat den tobenden Schüler inzwischen zurück ins Klassenzimmer gezogen, steht der Seiteneinsteiger brüllend vor seiner

Klasse. «Wenn ich bei anderen Lehrern hospitiere, stelle ich fest, dass dort nicht selten ein nahezu militärischer Drill regiert. So will ich nicht werden, aber ich verstehe, woher dieser Stil kommt», schreibt er. Man kann seine Zerrissenheit aus diesen Worten herauslesen. Um Selbstverwirklichung geht es ihm überhaupt nicht. Eher, salopp gesprochen, um tägliches Überleben.

Dieser Seiteneinsteiger erkennt das Potenzial seiner Schüler, er ahnt, wie viel bei ihnen möglich sein könnte. Aber er merkt auch, wie viel Kraft es braucht, um die Kinder zum Lernen zu bringen. Wie oft wird er solche Situationen durchstehen, bis er den Spaß am Unterrichten verliert? Bei ihm dauerte es ein Jahr, dann gab er auf.

«So will ich nicht werden», schrieb er. Nein, er sollte nicht wie ein Drillmeister vorne stehen müssen und so den Spaß am Umgang mit den Schülern verlieren. Doch damit das möglich ist, muss die Schule selbst ihm helfen. Mit klaren Regeln, die die Schüler kennen, akzeptieren und nach denen sie sich richten. Wenn eine Schule das schafft, verspüren die Lehrer viel Entlastung und können besser und freier mit ihren Schülern arbeiten. Das haben wir bei der Gerhart-Hauptmann-Schule selbst erlebt. Doch der Weg dahin war nicht einfach.

So geht es nicht weiter!

Kaum eine Schule ist in den letzten Jahren so berühmt geworden wie die Rütli-Schule in Neukölln. Und bevor sie berühmt wurde, war sie berüchtigt. Deutschlandweit steht der Name für eine Schule, die völlig aus der Spur geraten ist. «Rütli ist überall», hieß es bald. Nicht nur in Berlin.

Das lag einmal an dem eindrücklichen Brandbrief, den 2006 die kommissarische Schulleiterin im Namen ihrer erschöpften und völlig verzweifelten Lehrer an die Berliner Schulverwaltung geschrieben hatte. «Türen werden eingetreten, Papierkörbe als Fußbälle missbraucht, Knallkörper gezündet und Bilderrahmen von den Flurwänden gerissen», hieß es damals im Brief, der ursprünglich nur als internes Schreiben für die Schulaufsicht gedacht war. Das Klima in den Klassen sei unerträglich, der Unterrichtsstoff werde «abgelehnt», Lehrer würden im Unterricht gezielt mit Gegenständen beworfen, die Stimmung sei «menschenverachtend», besonders den Erwachsenen gegenüber. Alle Versuche, Regeln durchzusetzen, stießen auf massiven Widerstand. «Die Folge ist, dass die Kollegen/innen am Rande ihrer Kräfte sind.» Die Schulleiterin sei seit Monaten erkrankt und habe sich in den vorzeitigen Ruhestand verabschiedet. «Wir sind ratlos.»

Aber es waren die Bilder, die dann für echtes Entsetzen sorgten. Denn nachdem der Brief öffentlich geworden war, eilten Fernsehteams zur Schule wie zu einer Unfallstelle. Ganz Deutschland sah nun, wie die Schüler sich zusammenrotteten und die auftauchenden Fernsehteams beschimpften. Eine Menge unflätiger Worte und Bedrohungen waren auf den Tonspuren der Journalisten zu hören – «Fresse», «Ich mach dich tot, du Wichser», «Ich fick deine Mutter». Vertrauter Brennpunkt-Schulsprech, dazu gereckte Mittelfinger. Und Deutschland fragte sich: Wie kann das sein, dass eine Schule so aus dem Lot geraten ist? Dass Jugendliche sich so unverschämt gegenüber Erwachsenen benehmen? So enthemmt sind?

Nun geriet man auch in der Verwaltung unter Druck, wo das Rütli-Problem ja schon lange bekannt war, doch nichts folgte daraus. So ein Schreibtisch in der Verwaltung ist ja weit weg von den Brennpunktschulen und grundsätzlich ein sehr gemütlicher Ort. Es dauert in der Regel, bis der Druck, dem die Lehrer der Brennpunktschule tagtäglich ausgesetzt sind, dort ankommt. Gerne verschwinden solche Brandbriefe in einer Schublade, aber dieser war nach vier Wochen tatsächlich an die Öffentlichkeit gelangt. Nun brannten sich die Bilder bei den Fernsehzuschauern und Zeitungslesern ein, die Aufregung war groß. «Wir müssen was tun!» Plötzlich war auch Geld dafür da.

Aber was man genau tun müsste, wusste keiner anfangs so recht. Erklärungen wurden gesucht – über achtzig Prozent der Schüler stammten aus Elternhäusern mit Migrationshintergrund, viele Familien lebten von Sozialtransfers, die Hauptschule selbst biete keine Perspektive. Der übliche Deutungs-Mix also aus kultureller Entwurzelung und sozialer Schieflage.

Aus der Rütli-Schule wurde der Campus Rütli. Heute ist es nicht mehr eine Hauptschule, sondern eine Gemeinschaftsschule, an der inzwischen auch Abitur gemacht werden kann. Viel Geld wurde investiert und viel Engagement. Eine dreiteilige Sporthalle mit Foyer entstand, ein Gebäude mit neuen Werkstätten wurde eingeweiht, vieles wurde und wird modernisiert. Dazu eine entschiedene Schulleitung. Der neue Campus wird jetzt gerne als Beispiel für einen gelungenen «Turnaround» genannt, wie man das in der Betriebswirtschaftssprache nennt. Eine Kehre in eine bessere Richtung.

Das ewige Problem der «Brennpunktschulen»

Es gibt in ganz Deutschland viele Hunderte solcher Brennpunktschulen. Schulen mit einer, wie es leicht geschönt heißt, «herausfordernden Situation». Allein in Berlin hatten wir im Jahr 2019 genau 288 Schulen und Berufsschulen, an denen die Lage als besonders schwierig gilt. Die erhalten deshalb aus dem Landeshaushalt zusätzliches Geld – das Brennpunktschulenprogramm, auch Bonusprogramm genannt. Es soll die Abhängigkeit von Schulerfolg und sozialer Herkunft verringern, indem Schulen mit vielen Schülern aus finanzschwachen Elternhäusern stärker unterstützt werden. Wo also die Elternhäuser von mindestens fünfzig Prozent der Schüler «lernmittelbefreit» sind, sprich staatliche Unterstützung erhalten, wird ein Bonus ausgezahlt – gestaffelt, je nachdem wie groß die Bedürftigkeit ist. Das können in der Hauptstadt in der Zusammensetzung der Schülerschaft sehr unterschiedliche Schulen sein. Mal haben fast alle Kinder dort Migrationshintergrund, mal nur wenige. Mal sitzt die Schule in der Platte oder steht zwischen Hochhäusern, mal befindet sie sich – wie bei uns – in einer klassischen Gründerzeitgegend.

Auch insofern ist Berlin ein Abbild der Republik. Denn man findet sie überall – in Nordrhein-Westfalen, in Hessen, in Hamburg, im Saarland, in Bayern, in Sachsen-Anhalt. Schulen, die mit schlechten Schulleistungen, Sprachdefiziten, Schwänzen und Gewalt zu kämpfen haben. Mal mit sozialen, mal erzieherischen, mal mit sprachlichen Problemen, häufig mit einem Mix aus allem. Auf einen Nenner gebracht: Schulen, in denen häufig zu wenig gelernt wird, in denen Unterricht in manchen Fällen kaum noch möglich scheint. Geld allein hilft da nicht weiter.

Zu merken, wie einem nach und nach eine Schule entgleitet – dieses Gefühl kenne ich gut aus der Gerhart-Hauptmann-Schule in Kreuzberg. Das Wort «Brennpunktschule» mag neu sein, das Phänomen ist es nicht. Auch die Gerhart-Hauptmann-Schule kam in den 80er Jahren ins Schlingern. Irgendwann haben wir im Kollegium gemerkt, dass wir so nicht weiterarbeiten können. Es waren viele Dinge, die da zusammenkamen. Aber im Grunde kann man es auf einen Punkt bringen: Wir Lehrer hatten an unserer Schule nicht mehr viel im Griff.

Symptomatisch für die Situation war das Verhalten unseres Schulleiters. Der traute sich kaum noch aus seinem Direktorenzimmer heraus. Eine Kollegin, die 1980 in der Schule anfing – also zwei Jahre nach mir –, bekam das gleich zu spüren. Sie wurde von unserem Schulleiter in seinem Büro freudig begrüßt, wie großartig, eine neue Kollegin. Normalerweise wäre das Prozedere klar. Man würde danach als Schulleiter die neue Lehrerin in die zugewiesene Klasse begleiten und sie dort den Schülern vorstellen. Doch das passierte nicht. Der Schulleiter meinte nur lapidar: «Frau Kollegin, gehen Sie einfach in die dritte Etage, ganz hinten letzter Raum, da wartet Ihre Klasse.» Er selbst ging nicht mit, er blieb lieber in seinem Büro hocken. Warum? Weil er sich nicht mehr in diese Klasse hineintraute. Er schickte die junge ahnungslose Lehrerin alleine los.

Diese Kollegin, das hat sie oft erzählt, wird den Anblick nicht vergessen, als sie die Tür zu ihrer neunten Klasse öffnete. Da hockten die Schüler im Klassenraum, die Beine auf dem Tisch, tranken Bier, rauchten und spielten Karten. Blickten auf, sahen die neue Lehrerin im Türrahmen stehen und sagten: «Hey, Kleene, was willst 'n du hier?» Der Vorgängerlehrer, wohl eher ein revolutionärer Kumpeltyp, hatte die Klasse vorher eine Weile unterrichtet – was immer das hieß – und sich nun abgesetzt. Was der neuen Lehrerin entgegenschlug, war das Ergebnis seiner Bemühungen.

Man kann den Schülern überhaupt nicht vorwerfen, dass sie so über die Stränge schlugen. Sie hatten ja monatelang die Erlaubnis dazu gehabt. Für die junge Kollegin war das ein Schock, sie brauchte viele Monate, um wieder eine einigermaßen normale Unterrichtssituation herzustellen.

Da war sie dann weniger Lehrerin als Erzieherin. Es war ihre erste Stelle nach dem Referendariat, aber sie brachte die richtige Mischung mit – sie war einerseits konsequent und andererseits den Schülern zugewandt. Sie hat versucht, sich Respekt zu verschaffen. Wieder Regeln aufzubauen. Wenn eine Klasse so entglitten ist, ist das sehr, sehr schwer. Und noch schwerer, wenn die Schulleitung auf Tauchstation gegangen ist.

Der Schulleiter hat in seinem Arbeitszimmer wie im Bunker gesessen. Er ging allen Konflikten aus dem Wege – mit Schülern sowieso, aber auch mit Lehrern. Es hatte sich bei vielen Lehrern so eingebürgert, dass man üblicherweise erst fünf, zehn, sogar fünfzehn Minuten nach dem Klingelzeichen das Klassenzimmer betrat. Vorher musste ja noch im Lehrerzimmer der Kaffee ausgetrunken und die Zigarette zu Ende geraucht werden. Das hat niemanden auf der Schulleitungsebene interessiert, denn die hat sich ja nicht mehr getraut, das eigene Büro zu verlassen.

Aber man kann dem Schulleiter kaum einen Vorwurf machen, denn mehr als schiere Anwesenheit wurde von ihm offenbar von den höheren Dienststellen auch nicht erwartet. Sein Vorgänger, den ich nicht mehr erlebt habe, war in Pension gegangen. Nun fand sich kein Nachfolger, niemand wollte den Posten haben. Es gab zwar noch einen Konrektor, der allerdings nervlich völlig am Ende war. In seinem Arbeitszimmer hatte er ein Stoffmaßband, auf dem die verbleibenden Tage bis zur Pensionierung eingezeichnet waren und von dem er täglich einen Tag abschnitt. So etwas kennt man ja eigentlich nur vom Militär, von frustrierten Wehrpflichtigen in der Kaserne. Dieser Konrektor konnte einem in jeder Situation genau sagen, wann er für immer aus der Gerhart-Hauptmann-Schule verschwinden werde – auf den Monat, die Woche, den Tag, die Stunde genau. Der erledigte zwar noch seine Arbeit, aber in Gedanken war er schon weg. Dem Rektor, der dann neu kam, hatte die Schulverwaltung ein verlockendes Angebot gemacht. Sie versprachen ihm: Du musst als Schulleiter an der Hauptmann-Schule nichts machen. Wir brauchen nur einen, der da sitzt und ein bisschen die Statistik führt. Hauptsache, anwesend. Das ist das Entscheidende. Genau das hat er dann gemacht. Er hat seine Zeit abgesessen.

Viele unserer Schüler tauchten auch nur unregelmäßig im Unterricht auf, obwohl sie sich teilweise auf dem Schulgelände aufhielten. Trotzdem kriegten wir sie nicht zu sehen. Das Gelände der Gerhart-Hauptmann-Schule entpuppte sich als sehr unübersichtlich. In der Kaiserzeit erbaut, war die Schule ursprünglich eine große, aber eng in die Häuserzeile eingebaute Gemeinde-Doppelschule gewesen. Mit Vorderhaus, zwei Hinterhäusern, Seitenflügeln und mehreren kleinen Pausenhöfen, alles für Mädchen und Knaben getrennt. Das Schulgebäude drang platzsparend schmal und tief in den Block hinein. Doch die Bomben des Zweiten Weltkriegs hatten die angrenzende Häuserfront völlig zerstört, nun schaute man von der Ohlauer Straße direkt auf die Brandwand der Schule – die Wand also, die an die verschwundenen Häuser gegrenzt hatte. Alles verschob sich. Dort, wo einst Häuser standen, wurde nichts Neues aufgebaut, sondern entstanden üppige Freiflächen und eine Turnhalle, später wurden zusätzlich mobile Klassenräume errichtet. Durch diese wildwüchsige

Planung ergaben sich nun viele schwer einsehbare Ecken und versteckte Winkel. Dort lungerten unsere Schüler herum, trafen ihre Freunde, «hingen dort ab», wie sie es nannten. Sie waren zwar zur Schule gekommen, aber als Lehrer bekam man sie selten zu Gesicht.

Auch unsere Schultoiletten wurden nach und nach zu einem zentralen Treffpunkt. Dort wurde geraucht und gequatscht, um die harmloseren Dinge zu nennen. Das fand allerdings nicht nur in den Pausen statt, sondern auch gerne während der Unterrichtsstunden. Die Schüler verschiedener Klassen verabredeten sich und – weg waren sie aus dem Klassenzimmer. Zwischenzeitlich standen 50, 60 Schüler während der schulischen Kernzeit rauchend auf der Toilette. Unsere Klos, obwohl sie schlimm aussahen, waren beliebt. Wer weiß, was dort vorging. Wir Lehrer wussten es damals nicht.

Schule? Lohnt doch nicht

Oder Schüler blieben tagelang unentschuldigt weg. Gerade in den wenigen deutschen Familien, die noch in Kreuzberg lebten, konnten die Verhältnisse schwierig sein. Ich hatte einen Schüler, der kam so gut wie nie. Also fuhr ich nach der Schule zu ihm nach Hause und klingelte mittags – klassische Kreuzberger Mietskaserne. Die Mutter machte auf. Ich sagte: «Guten Tag, ich bin Herr Rudolph, der Klassenlehrer ihres Sohnes. Klaus war heute schon wieder nicht in der Schule. Was ist mit ihm?» Die Mutter schaute mich erstaunt an, murmelte: «Ich weiß auch nicht, wo der ist.

Aber ich gehe mal gucken.» Sie ging nach hinten, öffnete die Tür zum Zimmer ihres Sohnes – und da schlief er im Bett. «Ach, da is' er ja.» Das hat mich sehr erschüttert, denn mir wurde klar, dass es der Mutter völlig gleichgültig war, ob ihr Sohn zur Schule ging oder nicht. Das hat sie einfach nicht interessiert.

Warum überhaupt einen Abschluss machen, hat Klaus damals womöglich gedacht. Tatsächlich war die Jugendarbeitslosigkeit in den 80er Jahren hoch, besonders in Kreuzberg. Das bekamen unsere Schüler zu spüren. Hauptschüler waren auf dem übervollen Arbeitsmarkt nicht besonders gefragt, dazu kam noch, dass zwei Drittel unserer Schüler türkische, arabische oder andere Wurzeln hatten. Die hatten es oft sehr schwer. Aber auch unsere Abgänger mit den Nachnamen Müller, Meier, Schmidt hatten wenig Chancen, schnell eine Ausbildungsstelle zu finden. Das stachelte nicht gerade die Lernlust an. Es gibt eine Studie von 1982 – «Jugendliche in Kreuzberg» –, die damals für die Internationale Bauausstellung (IBA) in Auftrag gegeben wurde. Dort werden Jugendliche porträtiert: «Thomas ist vor einem halben Jahr mit der zehnten Klasse aus der Hauptschule entlassen worden. Von einem Zeugnis hat er noch nichts gesehen. Es ist ihm auch egal. ‹Es sind sowieso nur Fünfen und Sechsen!› – ‹Keine Vier?› – ‹Nee, keine Vier.› Seitdem ist er zweimal beim Arbeitsamt gewesen, aber es gibt keine Jobs für ihn.» Ob Thomas bei uns Schüler gewesen war? Nicht ausgeschlossen.

Es gab damals in Charlottenburg, einem anderen Stadtteil Westberlins, sogar eine Hauptschule, die sich ins Programm schrieb, ihre Schüler auf die Sozialhilfe vorzubereiten. Die Schüler sollten lernen, die Amtsformulare richtig auszufüllen und die Stütze korrekt zu errechnen. Das war ihr Konzept.

Uns Lehrer an der Gerhart-Hauptmann-Schule hat das damals sehr empört. Denn wir merkten ja, unsere Schüler wollten etwas werden. Die hatten Ideen, die hatten Träume, die wollten ihr eigenes Geld verdienen. Nur ein einziges Mal in meinen über vierzig Jahren als Lehrer hat mir ein Schüler auf die Frage, was er werden wolle, «Sozialhilfeempfänger» geantwortet. Alle anderen hatten Ziele im Leben. Eine Schule, die glaubt, ihre Schüler auf ein Leben mit Sozialtransfers vorbereiten zu müssen, trifft eine unangemessene Entscheidung über das Leben der Schüler. Denn sie drückt damit aus: Etwas anderes als Hartz IV, wie es heute heißt, trauen wir euch nicht zu. Aber zu einem solchen Urteil sind wir als Lehrer niemals berechtigt, egal wie aussichtslos die Lage erscheint, egal wie schlecht die Schülerleistungen sind. Wir müssen uns die Träume der Schüler anhören, müssen die Schüler beobachten und uns überlegen: Was will sie, was will er mal machen? Was braucht es dafür, und wie kann ich als Lehrer weiterhelfen?

Und noch eine Folge hatte die hohe Jugendarbeitslosigkeit: Beschäftigungslose Jugendliche, die selbst nicht mehr zur Schule gingen, hingen tagsüber auf unserem Schulgelände herum. Die hatten ja nichts zu tun. «Schulfremde Personen» hießen die im Behördendeutsch – oft ein bisschen älter, aber nicht viel, so zwei, drei Jahre. Die meisten kannten wir nicht. Die Stimmung wurde zunehmend gewalttätig, wir hatten immer häufiger schlimme

Vorfälle auf dem Gelände. Nicht nur unter Schülern. Auch wir Lehrer wurden angespuckt und beleidigt, uns wurde Prügel angedroht. Man wurde beschimpft, einfach aus Langeweile: «Du Penner», «Alter, ich fick dich». Es wurde von Woche zu Woche schlimmer. Irgendwann haben wir uns als Kollegen nicht mehr auf den Schulhof getraut.

Handeln oder untergehen

Unter diesen Bedingungen will keiner tagtäglich zur Arbeit gehen. Und wir merkten bald, dass niemand von außen uns hilft. Ich hatte seit 1984 das Amt des stellvertretenden Schulleiters übernommen, hatte nun häufig mit der zuständigen Verwaltung zu tun. Wenn man damals zum Schulamt ging und jammerte: «Es ist alles so schlimm», winkten die nur müde ab und meinten: «Können wir auch nichts machen.» Wir waren ja nicht die einzige Hauptschule mit Problemen im Bezirk. Auch die Polizei war immer im Dauereinsatz, sie hatte mit den Hausbesetzern genug zu tun. Auf Beleidigungen reagierten die Polizisten schon gar nicht mehr, das war Alltag für sie. Denen konnte man nicht kommen mit unflätigen Jugendlichen. Wir standen also ziemlich alleine da. Keine freiwilligen Schulanmeldungen, keine Neulehrer, die zu uns wollten. Kein Konzept, wie es weitergehen sollte. Schlechte Schulleistungen, viel Schulschwänzen. Jetzt hätten wir den Laden eigentlich dichtmachen können.

Es ging um die Existenz. Nicht weniger. Wir haben uns dann ernsthaft als Kollegium die Frage gestellt: Müssen wir kapitulieren? Oder können wir hier noch weiterarbeiten? Da war uns klar, wenn wir hier weitermachen wollen, müssen wir etwas verändern. Entweder schaffen wir es irgendwie, dieser Gewalt und Gleichgültigkeit etwas entgegenzusetzen, oder wir gehen alle gemeinsam den Bach runter. Wir hatten sehr gelitten, aber dieses Leiden war wichtig, denn so begannen wir, gemeinsam nach einer Lösung zu suchen. Wir haben uns als Lehrer in großer Zahl zusammengeschlossen und gesagt: Wir stellen hier selber etwas auf die Beine. Das war wirklich ein neuer Geist in der Hauptmann-Schule. Wirklich revolutionär nach einer Zeit, wo «die Revolution» für manche Lehrer die Hauptbeschäftigung gewesen war.

Wir wollten die Verhältnisse so ändern, dass sie zumindest erträglich sein würden. Und zwar für Schüler und Lehrer. Denn wir merkten bald, dass die Schüler diese Atmosphäre ständiger Gewalt auch nicht wollten. Die herumlungernden Jugendlichen drangen immer häufiger auch ins Schulgebäude ein, rissen die Türen der Klassenräume auf. Manchmal traten sie von außen mit vollem Karacho gegen die Tür. Wenn man verbarrikadiert in einem Klassenzimmer sitzt, kann einem das als Schüler schon Angst machen – besonders wenn der Raum im dritten Stock liegt und so kein direkter Fluchtweg möglich ist. Natürlich hatten wir auch einige wenige Gewalttäter unter unseren Schülern, ab und zu kam auch die Polizei in eine Klasse, um jemanden festzunehmen, weil er draußen eine Straftat begangen hatte. Aber die Mehrheit unserer Schüler wollte in Ruhe lernen können.

Wir merkten schnell, wenn wir jetzt klare Regeln einführen, können wir, langfristig gesehen, mit Akzeptanz rechnen. Nicht im ersten Moment. Am Anfang, als die Lehrer ankündigten, wir bringen hier mal Ordnung ins Chaos, protestierten viele Schüler. Aber wenn man Punkt für Punkt vorankommt, steigt die Unterstützung, sowohl von den Schülern als auch von den Eltern.

Für mich war das ein Schlüsselmoment meiner Laufbahn. Wir haben als Kollegium gelernt, dass wir uns um die Schüler kümmern müssen, indem wir eine klare Struktur aufbauen. Und dafür eintreten, dass die auch durchgesetzt wird, nicht nur ein paar Wochen oder Monate lang, sondern über Jahre. Die Gewaltprobleme verschwanden nicht über Nacht, und hätten wir nachgelassen, hätte schnell alles von Neuem angefangen. Aber wir wollten unseren Schülern etwas beibringen, wir wollten ihnen einen guten Start ins Berufsleben ermöglichen. Bislang waren wir oft ziemlich hilflos gewesen. Eine typische Strategie war vorher gewesen, sich um den einzelnen Schüler auch außerhalb der Schule zu kümmern. Aber dabei verlor man schnell die professionelle Distanz. Oft ging es dort schlimm zu, der Vater Säufer, die Mutter überfordert mit vielen Kindern, die Wohnung eng und verdreckt. Manche Kollegen nahmen sich dann vor, zu helfen und die Familie in Ordnung zu bringen. Aber das ist nicht die Fähigkeit des Lehrers, auch nicht die Aufgabe, das schafft man als Pädagoge oft nicht, daran geht man schnell zugrunde. Was dagegen der Schülerin oder dem Schüler wirklich helfen konnte, war, in der Lehrerin oder dem Lehrer ein verlässliches, zugewandtes Gegenüber zu haben. Und wenn sie in der Schule einen Ort fanden, an dem klare Regeln galten, einen Ort, an dem endlich einmal Ruhe ins Leben kam und gleichzeitig eine gezielte Förderung ihrer oder seiner Talente begann.

Wenn man aus so einem Schulchaos kommt, wie wir das an der Gerhart-Hauptmann-Schule erlebt hatten, ist es sehr kraftraubend, eine Wende zu schaffen. Meiner Erfahrung nach ist es wichtig, sich zunächst darüber klarzuwerden: Was ist aktuell unser größtes Problem? Nicht alles auf einmal angehen, sondern werten – was gehen wir als Kollegium sofort an, was stellen wir erst mal zurück.

Unser größtes Problem war die gewalttätige Situation auf dem Schulgelände, waren die Belästigungen und Bedrohungen durch «schulfremde Personen», das Verbarrikadieren auf den Toiletten, das Schwänzen, obwohl die Schüler doch eigentlich zur Schule gekommen waren. Es war schlicht und einfach wichtig, dass die Schüler zum Unterricht gingen und sich nicht irgendwo auf den Schulhöfen rumtrieben.

Unsere Lösung hieß Aufsichten. Das klingt banal, war aber sehr effektiv. Wir teilten uns so ein, dass wir während der Schulstunden, wenn einer eine Stunde frei hatte, zu zweit über das Schulgelände gingen und nachsahen, ob alle in den Klassen waren. Und wir haben in den entscheidenden Momenten, also zum Schulanfang und während der Pausen, immer jeweils zwei Aufsichten an unser Schultor gestellt. Das zweite Schultor wurde gleichzeitig dauerhaft geschlossen, das half auch sehr, eine bessere Übersicht zu haben. Damit bekamen wir die Situation nach und nach in den Griff. Wir hatten nun mehr Überblick – wer kommt rein, wer nicht. Man merkte schnell, es kamen weniger und weniger Schulfremde. Denn jetzt mussten sie mit Widerstand rechnen. Da wichen sie lieber aus.

Später wurde unsere Schule saniert, auch die Schultoiletten. Die waren inzwischen ziemlich zertrümmert. Da haben wir uns überlegt: Was können wir tun, damit die in zwei Wochen nicht so aussehen wie vor der Sanierung? Es wurde ja eine Menge öffentliches Geld verbaut. Also haben wir uns darauf geeinigt, die Toiletten während der Unterrichtszeit abzuschließen. Wer unbedingt verschwinden musste, holte den Schlüssel im Sekretariat ab. In der Pause waren die Toiletten natürlich offen, aber auch hier war dann ein Lehrer in der Nähe. Wenn die Pause vorbei war, wurde wieder zugeschlossen. Das hat wunderbar funktioniert, die Toiletten wurden nicht mehr zerstört. Uns Lehrern hat es gutgetan, selbst etwas in die Hand zu nehmen, uns selber zu organisieren, damit wir wieder einen normaleren Schulbetrieb erreichten.

Wir sind vorangekommen in vielen Dingen, nur nicht so weit, wie wir es gewollt hätten. Doch es sprach sich unter den Schülern herum, dass nun neue Regeln galten. Zum Beispiel die, dass morgens zu Schulbeginn eben ein Lehrer vor dem Tor stand. Unmittelbar nach Schulbeginn schloss der ab, eine Gegensprechanlage gab es damals dort nicht. Am nächsten Morgen kamen solche Schüler dann meistens lieber pünktlich.

Nun wollten wir natürlich auch in den Klassen etwas verbessern, damit unsere Schüler besser lernten. Aber das war sehr schwierig, wenn man neunundzwanzig Schüler vor sich hat, von denen über die Hälfte nicht gerade begierig darauf ist, dem Lehrer zuzuhören. Wir blieben mit den Leistungen unzufrieden. Aber gut, wir hatten erst mal geschafft, dass die meisten Schüler regelmäßig in den Unterricht kamen. Dass sie pünktlich waren und auch ihr Material dabeihatten. Und dass sie sich halbwegs ordentlich im Unterricht verhielten. Das ist uns nicht immer gelungen, aber zumindest ging es besser als vorher. Wir hatten als Kollegium einfach noch nicht so viel Erfahrung mit Schulentwicklung. Wenn ich heute, rückblickend, sehe, was alles machbar ist an Schulen, dann würde ich sagen, wir hatten damals noch Luft nach oben. Wir haben als Kollegium – damit meine ich auch mich als Lehrer – zu wenig über unsere Rolle nachgedacht. Wir entwickelten keine richtige Vorstellung, was wir genau wollten. Wozu sind wir als Lehrer da? Was ist uns für die Schüler wichtig, was weniger? Was für eine Schule wollen wir sein? Und wie sende ich klare Signale, damit Schüler, aber auch Eltern unsere Erwartungen verstehen? Wir dokterten im Kleinen an den Symptomen herum. Immerhin, auch das brachte schon eine kleine Verbesserung.

Unsere Anmeldezahlen an der Hauptschule wurden ein wenig besser. Jetzt hatten wir plötzlich dreißig, auch mal vierzig Anmeldungen, nicht nur zehn. Das lag auch daran, dass wir einen kleinen Realschulzweig aufgemacht hatten. Damit kamen andere, leistungsstärkere Schüler, die das Lernklima an der Schule sehr verbesserten.

Hilfe, der «Bolle» brennt!

Unser Rütli-Moment kam 1987. Damals versank SO 36 am 1. Mai in Chaos und Gewalt. Es war die Zeit des Volkszählungsboykotts, die Stimmung unter den Autonomen und Hausbesetzern war extrem aufgeheizt. Steine flogen, Streifenwagen wurden umgeworfen, Mülltonnen brannten, Straßensperren wurden von den jugendlichen Randalierern errichtet. Molotowcocktails flogen. Die Polizei setzte Tränengas ein, versuchte zu räumen. Irgendwann begann es, dass auch Geschäfte geplündert wurden, darunter der «Bolle» am Görlitzer Bahnhof, ganz in der Nähe unserer Schule. Nach der Plünderung wurde dieser Supermarkt angezündet – allerdings von einem Pyromanen, wie sich Jahre später herausstellte. Er brannte bis auf die Grundmauern ab, das Dach stürzte ein. Bürgerkriegsähnliche Zustände.

Beim Plündern machten auch die Anwohner mit, vom Rentner bis zum Kind. Die Nationalität spielte keine Rolle, es waren alle dabei. Schnell folgten die Erklärungen der Experten. «Die Leute haben wenig Lebensperspektive», hieß es. Plötzlich gerieten die fünfzig Prozent Jugendarbeitslosigkeit im Kiez in den Blick, unter ausländischen Jugendlichen waren es sogar siebzig Prozent. Von «sozialer Umzingelung» war die Rede – sprich, drumherum ging es allen zunehmend besser, nur in SO 36 stand die Zeit still.

Unsere Schüler wohnten ja unmittelbar in der Nähe der geplünderten Geschäfte. Sie gehörten vermutlich zu den Jugendlichen, die mitgemacht hatten. Sie sind sicherlich nicht diejenigen gewesen, die angefangen haben. Aber als das Chaos einmal im Gange war, wollten sie wohl auch dabei sein. Erst am nächsten Tag bei den Aufräumarbeiten wurde das Ausmaß der Zerstörung deutlich: ausgebrannte Autos, zerstörte Ampelanlagen, die Ruine des «Bolle» direkt an der Hochbahn.

Das Entsetzen über diese Bilder war bei Anwohnern wie in der gesamten Öffentlichkeit groß. In der Politik und in der Schulverwaltung war man jetzt unter Druck. Irgendetwas musste geschehen. Kinder und Jugendliche, die geklaute Lebensmittel wegschleppen? Das waren doch alles Schüler! Es dauerte also keine drei Tage, da erschienen in der Gerhart-Hauptmann-Schule Leute mit großen schwarzen Köfferchen, typische Amtsträger. Sie sagten zu uns: «Macht irgendwas in der Schule. Egal was. Lasst euch etwas einfallen! Geld spielt keine Rolle. Aber es darf nie wieder passieren, dass Jugendliche einen Supermarkt stürmen, plündern, gar anzünden.»

So entstand die Stelle des «Lehrers für Begleitung und Übergang». Das war damals eine Lehrerin, die nichts anderes machte, als unseren Schülern beim Übergang ins Berufsleben zu helfen – bei der Jobsuche, bei den Bewerbungen. Diese Kollegin hat das sehr gut gemacht, denn viele Jugendliche schrieben damals hundert und mehr Bewerbungen, ohne überhaupt eine Antwort zu erhalten. Dann machte sie denen Mut, hatte neue Ideen. Eine schöne, aber auch teure Sache – eine volle Lehrerstelle, nur dafür. Geboren war das Projekt aus dem Erschrecken am Morgen nach der Nacht vom 1. Mai 1987.

Es war faszinierend zu sehen, wie schnell die Damen und Herren der Schulbehörde damals kamen. Innerhalb kürzester Zeit. Plötzlich verließ man seinen Platz im Büro der Verwaltung und kam zu uns hin. Unerwartet war Spielraum zum Handeln da, floss das Geld. Ganz ähnlich wie Jahrzehnte später bei Rütli. Und natürlich kommt man dann ins Grübeln. Braucht es erst Randale, Plünderung und Feuer, damit etwas passiert? Heruntergebrannte Supermärkte, spektakuläre Brandbriefe, heftige Bilder für die Fernsehkamera?

Das kann keine Lösung sein. Sinnvoller ist es, kontinuierlich an den Problemen zu arbeiten. Mit offenen Augen und Ohren durch die eigene Schule zu gehen. Wo liegt etwas im Argen? Woran sollten wir arbeiten? Was für Regeln könnten unseren Schulalltag erträglicher machen? Und nicht warten, bis die Eruptionen kommen – um dann hektisch und im schlimmsten Fall ohne Konzept zu reagieren.

Aber erst bei meiner nächsten Schulstation würde ich merken, wie wichtig die Freude ist. Auch der Stolz der Schüler und des Kollegiums auf die eigene Schule. Und der Respekt, den man erntet, weil man eben nicht nur irgendeine Schule ist, sondern eine kleine Institution im Viertel.

Fragte man die Schüler an der Gerhart-Hauptmann-Schule, ob sie gerne zu uns kämen, Tag für Tag, über Jahre, dann antworteten die meist: «Eigentlich hatte ich mich an drei anderen Schulen beworben. Aber da habe ich keinen Platz bekommen. Und jetzt bin ich an dieser Scheißschule gelandet.» Sie waren uns zugewiesen worden, nachdem man sie überall sonst abgewiesen hatte. Sie fühlten sich abgekanzelt und aussortiert, und nun schlugen sie bei uns auf, der «Scheißschule». Niemand wollte dorthin. Und wir haben es auch danach nie wirklich geschafft, diesen schlechten Ruf loszuwerden. Obwohl wir uns bemüht haben, obwohl wir die Situation mit der Zeit verbessert haben.

Letztlich hatten wir keine richtige Idee, was wir mit der Schule eigentlich wollten. Wir haben zu wenig über bestimmte Fragen, auch über unsere Rolle als Pädagogen, nachgedacht. Was machen wir da eigentlich in der Schule? Wozu sind wir da? Was von dem, was wir tun, ist wichtig für die Schüler, was vielleicht weniger? Wir alle, auch ich als Konrektor, haben damals unterschätzt, wie zentral es ist, ein positives Erscheinungsbild zu haben. Wir haben nie darüber nachgedacht, keiner verlangte es von uns, die Schulbehörde war ja schon froh, wenn sie einfach nichts von uns hörte. Für die problematischen Berliner Hauptschulen galt: «No news is good news.» So blieben wir ein lustloser Ort.

Wir waren zwar phantastisch ausgestattet, hatten wunderbare Fachräume für Biologie, Chemie und Physik, Werkstätten für Holz, Metall und Textil, eine Lehrküche, sogar Musikräume. Dazu genügend Klassenräume. Aber uns fehlte die Liebe zum Detail. Es sah zwar alles ordentlich aus, aber die Schule hat nicht gelebt. Keine Schülerarbeiten an den Wänden, auch sonst alles kahl. Gerhart Hauptmann, der Literaturnobelpreisträger und Namensgeber der Schule, spielte bei uns keine Rolle, außer dass wir «Die Weber» im Deutschunterricht mit den Schülern gelesen haben. Aber sonst gab es nirgends einen Bezug, wir haben mit dem Namen nie gearbeitet. Bei uns kam niemand rein und sagte: «Mensch, das ist ja mal eine

Schule!» Unsere Schüler haben das gespürt. Bald nach der Jahrtausendwende wurde der Schulbetrieb der Gerhart-Hauptmann-Schule dann eingestellt. Es gab kaum noch Anmeldungen, die Schülerzahlen waren ins Bodenlose gesunken.

Mit Schülern, die in einer Scheißstimmung zu einer Scheißschule gehen, um einen Scheißschultag hinter sich zu bringen, kann man nur schwer arbeiten. Das ginge uns im Job genauso. Lernen ist Arbeit, es kostet Mühe und Anstrengung. Umso wichtiger ist es, dass man morgens einigermaßen gerne zur ersten Stunde kommt. Wenn eine Schülerin oder ein Schüler – egal, ob gut oder weniger erfolgreich – motiviert zum Unterricht erscheint, hilft das uns Lehrern enorm. Schüler müssen das Gefühl haben, in ihrer Schule gut aufgehoben zu sein. Das sollte ich aber erst auf meiner nächsten Station lernen.

Neue Lösungswege

Mitte der 90er Jahre verließ ich die Gerhart-Hauptmann-Schule, wo ich bis dahin Konrektor gewesen war, weil ich zum Schulleiter an einer anderen Hauptschule in Kreuzberg ernannt wurde. Die Carl-Friedrich-Zelter-Schule lag nicht mehr in SO 36, sondern im «besseren» Kreuzberg, in Kreuzberg 61. Doch die Situation der Schule unterschied sich kaum von der meiner Vorgängerschule – es gab viele Verhaltensprobleme, schlechte Lernleistungen, Gewalt. In manchen Klassen tauchte nur die Hälfte der Schüler regelmäßig zum Unterricht auf, der Rest nur, wenn sie Lust darauf hatten. Schuldistanz oder Schwänzen, wie es damals hieß, war gerade in Kreuzberg ein Riesenproblem.

Auch die soziale Zusammensetzung war ähnlich wie zuvor in SO 36, selbst wenn dieses Kreuzberg als das bürgerliche galt. Doch die Straßenzüge mit den «besseren» Häusern lagen eine ganze Ecke weit weg. Unsere Schule stand im damaligen Niemandsland der Gegend um den Checkpoint Charlie. Brachen waren hier prägend, wie die direkt am Martin-Gropius-Bau und der Topographie des Terrors, damals noch ohne Museumsgebäude, nur eine selbstorganisierte Grabung mit improvisierter Freiluftausstellung. Direkt daneben lag eine Freifläche mit viel Gestrüpp und einigen irrlichternd geteerten Wegen.

Dort konnten Leute im Autodrom ohne Führerschein bei «Straps-Harry» ein paar Runden in Schrottkarren drehen.

Die Wilhelmstraße, an der unsere Schule lag, war einmal die mächtigste Straße der preußischen und deutschen Politik gewesen. Allein die Nennung der Straße – die vom Landwehrkanal bis zur Spree führt und den Boulevard Unter den Linden am Pariser Platz kreuzt – löste damals Ehrfurcht aus, jedem war sie ein Begriff. Hier lagen die prächtigen Palais, die später in Preußen, in der Kaiserzeit und der Weimarer Republik zu Ministerien werden sollten. Hier zogen 1933 Nazis wie der Propagandaminister Joseph Goebbels nach der Machtergreifung ein, die innerhalb weniger Wochen Deutschlands erste Demokratie durch Verhaftung, Mord und Totschlag zerstörten. Mit monumentalen NS-Neubauten im Stile Albert Speers verkündeten sie daraufhin die neue Zeit an der Wilhelmstraße, geblieben sind davon das heutige Finanzministerium, Görings altes Reichsluftfahrtministerium, und Teile des Reichspropagandaministeriums. Im Frühjahr 1945 kämpfte man hier um jeden Meter; was zurückblieb, war eine Trümmerlandschaft.

Obwohl viele Flächen nach der Trümmerräumung leer und brach blieben, wurde in der späten Nachkriegszeit Westberlins allerlei neu gebaut. Die Ergebnisse waren ernüchternd. Einst hatte der Mehringplatz unweit unserer Schule als einer der schönsten Plätze Berlins gegolten. Das war einmal. In kürzester Zeit war hier ein Betonwohnrondell samt Hochhausburgen hochgezogen worden, ein Anblick, für den Josef Kleihues, damaliger Planungsdirektor der Internationalen Bauausstellung West-Berlins, treffende Worte fand: «Der Zustand ist deprimierend.» Die Wilhelmstraße selbst, vom «Antifaschistischen Schutzwall» durchschnitten, endete bis 1990 auf beiden Seiten als Sackgasse. Auf der anderen Seite der Mauer, im Ostteil der Stadt, hieß die einst so mächtige Wilhelmstraße nun Otto-Grotewohl-Straße. Das änderte sich erst 1993.

Die in den 70er und 80er Jahren neugebauten Häuserblöcke an der westlichen Wilhelmstraße bewohnten fast ausschließlich Familien, die ursprünglich nicht aus Deutschland stammten. Neunzig Prozent unserer Schüler hatten – abgesehen davon, dass sie nun Berliner waren – nicht deutsche Wurzeln, bei uns lernten Jugendliche aus zwanzig Nationen zusammen. Hauptsächlich waren es türkische, aber auch arabische, koreanische, tschechische, westafrikanische oder südamerikanische Kinder. Die Zahl der Eltern, die von Sozialhilfe lebten, war hoch. Kurz und gut: Wir waren eine Brennpunktschule in einem Brennpunktgebiet, mit allen Problemen, die dort klassischerweise zu finden sind. Meine Vorgängerin hatte frustriert ihren Posten als Schulleiterin aufgegeben und wollte woanders wieder als normale Lehrerin arbeiten. Wer konnte es ihr verdenken? Das wurde mir schnell klar.

Gewalt an der Schule

Es waren noch keine vier Wochen seit meinem Antritt als Rektor vergangen, ich fuhr nachmittags im Auto von der Arbeit nach Hause, wollte gerade in Lichtenrade aussteigen, da erhielt ich einen Anruf von unseren Reinigungsleuten aus Kreuzberg. Jemand hatte nach Schulschluss die Türen zum Sekretariat und zum Direktorenzimmer eingetreten und ein Chaos zurückgelassen. Vorher war die Schule gerade frisch renoviert worden. Schnell wurde klar, es waren unsere eigenen Schüler gewesen. Offenbar war eine kleine Gruppe in die Schule zurückgeschlichen, bevor der Reinigungsdienst im Gebäude sauber machte. Kein Lehrer war mehr im Haus gewesen, die Eingangstüren standen offen. Eine Einladung. Und dann hatten sie randaliert. Das war also meine Begrüßung? Ein heftiges Willkommensgeschenk!

Nun war es wichtig, schnell ein Zeichen zu setzen. Zu reagieren. Wären wir einfach darüber hinweggegangen, hätten wir auf Dauer große Schwierigkeiten bekommen. Das war die Erfahrung aus der Gerhart-Hauptmann-Schule. Und ich hatte nicht alleine die Schule gewechselt, mit mir waren mehrere Kollegen gekommen. Wir wollten die Erkenntnisse, die wir am alten Arbeitsplatz leidvoll gewonnen hatten, in die Tat umsetzen. Wir trafen in der Zelter-Schule auf ein Kollegium, das das ähnlich sah. Diesmal würden wir eine Schule ganz gezielt entwickeln. Berlins Hauptschulen galten immer als besonders innovativ – schlicht weil hier der Leidensdruck besonders hoch war. Je mehr Probleme sich auftun, umso mehr Lösungen muss man finden. Schulen, bei denen alles gut läuft, die in ruhigerem Fahrwasser schwimmen, verspüren kaum einen Drang, etwas zu verändern. Aber von ruhigem Fahrwasser konnte hier kaum die Rede sein. Türen einzutreten ist ein massiver Vandalismus. Wer immer es war, hatte sich gewaltigen Ärger eingehandelt.

Es galt nun als erster Schritt, die Schuldigen zu finden. Das erwies sich als nicht so schwer. Die Carl-Friedrich-Zelter-Schule war eine kleine Schule, wir hatten nur zweihundertfünfzig Schüler. Unsere Lehrer hörten sich um. Bald standen die Namen fest, der Haupttäter gab alles zu. Warum er und die anderen es getan hatten? Einen vernünftigen Auslöser gibt es für solche Aktionen nicht. Warum werden in der U-Bahn Sitze aufgeschlitzt und Scheiben eingetreten? Es ist einfach eine gewisse jugendliche Lust am Randalieren und fehlende Grenzsetzung. Im Grunde war es – trotz aller Unruhe, trotz des Schadens – ein Glück, dass es unsere eigenen Schüler waren. Denn auf die konnte man erzieherisch einwirken. Wäre es jemand von außen gewesen, wir hätten nicht viel machen können.

Wir haben dann die Schüler für eine Weile suspendiert. Eine Anzeige bei der Polizei gab es auch. Aber eines haben wir nicht gemacht: die Schüler von der Schule verwiesen. Das habe ich immer versucht zu vermeiden. Man sollte immer erst probieren, die Dinge innerhalb einer Schule zu heilen, wenn das irgendwie geht. Denn unter den Kreuzberger Hauptschulen war der Schulverweis fast so eine Art ritualisiertes Bäumchen-wechsle-dich-Spiel. Einmal kam ich ins Amtszimmer unseres zuständigen Schulrates, da lag ein Stapel mit Schülerbögen, so an die 30 Stück. «Das sind Schülerbögen, die mir die Schulen geschickt haben. Diese Schüler soll ich alle woanders unterbringen. Aber wo soll ich die denn hinschicken?», klagte der Schulrat. Er handelte also ganz pragmatisch: Er schickte Problemschüler von Schule A zu Schule B. Aber im Gegenzug erhielt Schule A, die ja gerade einen Störenfried losgeworden war, nun einen Problemschüler von Schule B, der es genauso faustdick hinter den Ohren hatte.

Es war wie ein geschlossener Kreislauf. So oder so – man behielt die gleichgroße Anzahl an schwierigen, verhaltensauffälligen Schülern. Damit wurde also überhaupt nichts besser. Im Gegenteil: Den Schüler, den man gerade von seiner Schule verwiesen hatte, kannte man ja zumindest. Man wusste etwa, wie der tickt – oder besser, wann sie oder er austickte. Dagegen war der neue Schüler anfangs sozusagen eine Black Box, aber möglicherweise mit eingebautem Zünder. Man wusste nicht, ob und wann der Jugendliche in die Luft geht. Damit war nichts gewonnen.

Will man Schüler wieder ins Lot bringen, sollten sie, so lange es geht, an der ursprünglichen Schule bleiben. Dort, wo man sie oder ihn kennt, hat man sich ein Bild gemacht, kann ihn oder sie einschätzen und weiß auch, was alles schon versucht wurde. Wenn beleidigt, zerstört, geprügelt wird, ist das schlimm, aber meist können die Lehrer erzieherisch noch gegensteuern. Das ist schwierig, keine Frage, aber es gibt Wege. Man muss sie nur beschreiten wollen, auch wenn sie viel Kraft und Ausdauer kosten.

Wir bekamen den Vorfall mit den Türen ganz gut in den Griff. Aber so weit hätte es gar nicht kommen dürfen. Der Normalfall kann nicht sein, dass die Erziehung erst dann beginnt, wenn solche Vorfälle passieren. Die muss vorher einsetzen, damit es überhaupt nicht dazu kommt. Es war klar, noch bevor wir über Verbesserung der Leistungen unserer Schüler nachdenken konnten, mussten wir erzieherisch auf sie einwirken. Viele Lehrer hatten ja schon im

Kopf, was sich ändern müsste. Es ging nun darum, diese Neuerungen auszusprechen und festzulegen. Und klarzumachen, dass die Schulleitung bereit sein würde, dies nach innen und außen auch zu vertreten. Aber wir wussten auch, dies alleine würde nicht reichen

Wer wollen wir als Schule sein?

Genauso wichtig ist es nämlich, dass die Schüler gerne zur Schule gehen, ein bisschen stolz auf ihre Schule sind. Dass die Räume schön sind, hell und freundlich, auf den Fluren Bilder hängen, die ganze Stimmung einladend ist. Dass der Umgang untereinander zugewandt ist.

Wir mussten also darüber nachdenken, wer wir als Schule sein wollten und wie wir attraktiver würden. Also haben wir uns sehr schnell im Kollegium zusammengesetzt und ein Schulprogramm erarbeitet und uns ein Leitbild gegeben: «Leistung fordern, Sozialverhalten fördern, Berufsfähigkeit erreichen».

Wir haben nicht nur versucht, unseren Schülern etwas beizubringen, sondern auch, ihnen neue Welten zu eröffnen. Es ist immer eine Gefahr, Schüler zu unterschätzen – besonders Hauptschüler. Aber wir haben ihnen viel zugetraut. In der achten Klasse haben sie «Krabat» gelesen, später «Der kleine Prinz» und am Ende «Nathan der Weise», Theodor Fontane und Inge Deutschkron. Gedichte spielten auch eine große Rolle. Irgendwann haben wir uns «Die Glocke» von Friedrich Schiller vorgenommen, jeder Schüler lernte einen Teil auswendig, und schufen daraus in Schönschrift große Plakate, die wir im Flur aufhängten. Es hat ihnen Spaß gemacht. Sie fanden die Sprache, die so weit von ihrer Alltagssprache entfernt war, irgendwie schön. Es hat sie wirklich interessiert.

Uns haben auch die neuen Kollegen geholfen, unsere Schüler anders zu sehen, ihnen mehr zuzutrauen. Die Mauer war ja gefallen, nun tauchten vermehrt Lehrer aus der ehemaligen DDR bei uns auf. Ich wusste, dass sie dort eine hervorragende pädagogische Ausbildung gehabt hatten, viel praktischer als unser Lehrerstudium. Dabei hatte und habe ich wirklich Vorbehalte gegen das ideologische Schulsystem der DDR – aus ganz persönlicher Erfahrung heraus. Meine Frau, auch eine Lehrerin, stammte ursprünglich aus dem Osten, sie hatte in den 80er Jahren «rübergemacht». Ihre Stasiakte hat uns nach dem Mauerfall noch lange beschäftigt. Wir wussten also, was es heißt, durch ein Schulsystem ausgegrenzt zu werden und trotz Begabung kein Abitur machen zu dürfen, weil man als Jugendlicher anders dachte. Dennoch: Didaktisch war der Unterricht oft sehr gut. Ich merkte schnell, was für eine Bereicherung viele Kollegen aus dem Osten waren, gerade auch an der Hauptschule. Sie hatten keine Vorbehalte gegen unsere Schüler, sie trauten ihnen etwas zu. Und sie verlangten viel. Ich erinnere mich noch an einen Schüler, der mit einem Attest zu seinem ostdeutschen Mathelehrer kam. Er habe eine Matheschwäche, könne deshalb nicht voll am Unterricht teilnehmen. Aber der ließ das nicht gelten. «Jeder kann rechnen», sagte er nur, und er sollte recht behalten.

Bei ihm begann jede Mathestunde auf die gleiche Art,

immer mit fünf Minuten Kopfrechnen. Das haben bald auch die anderen Mathelehrer bei uns übernommen. Am Anfang war es mühsam, aber unsere Schüler wurden von Woche zu Woche besser. Und dann kam der große Moment. Wir hatten mehrmals Mathestudenten der Universität zu Besuch, sie machten bei uns ein Praktikum. Und unsere Hauptschüler schlugen sie im Kopfrechnen! Sie waren einfach schneller und sicherer. Was für ein Triumph! Es war unglaublich zu erleben, was man mit Übung erreichen kann. Auch für den restlichen Matheunterricht waren diese Fähigkeiten ein großer Gewinn. Denn unsere Schüler trauten sich nun angstfrei an die abstrakteren mathematischen Felder heran, Bruchrechnung, Prozentrechnung, lineare Gleichungen, Dreisatz. Für mich war es ungeheuer beeindruckend zu sehen, welches Niveau die Mathelehrer mit ihren Schülern erreichten. Einfach weil sie ehrgeizig waren, den Schülern etwas zutrauten, regelmäßig übten und dranblieben.

Es war, gemessen an allem, was ich bis dahin im Schulalltag erlebt und erlitten hatte, eine unglaublich produktive Atmosphäre. Im kleinen Kollegium von rund 20 Lehrern arbeiteten alle eng zusammen. Es gab damals zwei Lehrerzimmer – eines für Nichtraucher, eines für Raucher. Obwohl ich selbst nicht rauche, bin ich manchmal zur Pause ins verqualmte Raucherzimmer gegangen, weil dort die Mathelehrer beisammensaßen und sich über die Schüler austauschten. Eigentlich war da jede Pause eine kleine Fachkonferenz. Auch in den anderen Fächern haben wir schnell gemerkt, dass wir über eine Klasse hinausschauen mussten, und haben in den Kernfächern Arbeiten entwickelt, die gleichzeitig im ganzen Jahrgang geschrieben wurden. So sahen wir genau, wie der Leistungsstand war, welche Schüler mithielten und wen man noch extra fördern musste. Oder auch, wer herausragte. Wir hatten die Schüler, deren Zahl ja auch überschaubar war, dadurch gut im Blick.

Und auch die Schule – von außen ein schöner alter Bau mit Terrakottaverzierungen, allerdings fehlte seit dem Krieg das Vorderhaus – wurde nach und nach innen gestaltet. Neben den Schülerarbeiten hängten wir ein Porträt Carl Friedrich Zelters auf, des preußischen Komponisten und Musikpädagogen. Außerdem erwarben wir noch eine klassische Gipsbüste, die ihn zeigte. So ganz sicher war ich mir damals nicht, ob das irgendeinen der Schüler interessierte. Aber ich sollte mich täuschen. Als einmal die Maler kurz vor den Sommerferien in die Schule kamen, um die Wände frisch zu streichen, wurden über Nacht alle Bilder und die Büste entfernt. Von einem Tag zum anderen war alles weg, es sah ganz kahl aus. Ich saß in meinem Arbeitszimmer, und auf einmal hörte ich auf dem Flur lauten Protest. Da standen unsere Schüler, mehr als hundert, vor dem Sekretariat, der Flur war packend voll, und schimpften lautstark: «Was ist hier los? Wo sind die ganzen Bilder hin? Es sieht hier ja furchtbar aus!» Im Alltag denkt man manchmal, das spielt doch keine Rolle, wie es hier aussieht – den Schülern ist das bestimmt gleichgültig. Aber jetzt war eine kleine Revolution bei uns im Gange, so aufgebracht hatte ich unsere Schüler noch nie gesehen. Spätestens da war mir klar, wie wichtig für sie eine schön gestaltete Umgebung ist.

Auch auf einen höflichen Ton untereinander wurde nun geachtet. Die Schüler grüßten im Sekretariat erst mal mit «Guten Morgen», bevor sie mit ihren Wünschen loslegten, und bauten ein «Bitte» und ein «Danke» im Satz ein. Wir machten den Schülern klar, dass sie solche Umgangsformen später im Beruf brauchen würden, und arbeiteten generell eng mit Berliner Firmen zusammen, damit unsere Schüler Praktika absolvierten und so in verschiedene Branchen reinschnuppern konnten. All das zusammengenommen hinterließ bei den Schülern das Gefühl, in Kreuzberg auf einer besonderen Schule zu sein. Es war ordentlicher, hier galten Regeln, hier wurde gelernt. Es war nicht das übliche Hauptschulgefühl: «Wir sind die Verlierer, die Abgehängten», das selbst die eigenen Lehrer manchmal vermittelten. Die Hauptschule war ja damals das Auffangbecken für Schüler, die an anderen Schulen als nicht mehr «beschulbar» galten. Die meisten waren entweder verhaltensauffällig oder hatten keinerlei Rückhalt zu Hause. Diese Eltern haben sich nie um die Schulbelange der Kinder gekümmert, mehr noch, es hat sie auch nicht interessiert, was der Nachwuchs so den ganzen Tag trieb, welche kriminellen Dinger die Jugendlichen womöglich gerade drehten. Oft war zu hören, Hauptschüler seien dumm, die könnten nichts. Das war totaler Blödsinn. Man musste nur einen Weg finden, sie zum Lernen zu bringen. Das haben wir damals geschafft. Nicht immer, aber häufig.

Der Umgang miteinander wurde zivilisierter. «Ich weiß jetzt auch, wie ich mit Menschen und Mitschülern umzugehen habe, dass ich Menschen respektieren muss», schrieb einmal ein Zehntklässler in einem Aufsatz über unsere Schule. Und jemand anders formulierte damals: «Wenn man aufs Leben vorbereitet wird, lernt man Sachen, die man später braucht. Zum Beispiel lernt man, jeden Tag pünktlich in der Schule zu sein, sich höflich zu benehmen und auch andere Sachen, die man nie gewusst hätte. Wenn einer mal früher sehr frech war, dann ist er jetzt ein sehr netter Mensch.» Wir merkten, dass es unseren Schülern besser ging, eine gewisse Anspannung fiel von ihnen ab. Auch sie schätzten die ruhige Atmosphäre in der Schule, Unruhe hatten die schon ausreichend in ihrem Leben. Am Ende haben viele gesagt: Wir sind eine gute Schule. Und waren sogar ein bisschen stolz darauf, gerade bei uns einen Abschluss zu machen.

Als Team arbeiten

Natürlich blieben viele Probleme bestehen – unsere Schülerschaft und die Verhältnisse, aus denen sie stammte, waren häufig einfach schwierig. Nach einer Weile merkten wir beispielsweise, dass nicht alle Handys, die wir Schülern in der Unterrichtszeit abgenommen hatten und die dann bei uns für eine Weile im Tresor verschwanden, am Ende wieder abgeholt wurden. Irgendwann kamen wir auf die Idee, die nicht abgeholten Handys bei der Polizei abzugeben. Es stellte sich heraus, dass die meisten geklaut waren. Ab und zu entdeckten wir bei einem Schüler ein Messer, das nahmen wir dann ab und übergaben es sofort der Polizei. Ein Messer bekam niemand zurück. Wir hatten auch einige jugendliche Intensivtäter auf der Schule, also Jugendliche, die mindestens zehn schwere Straftaten in einem Jahr begangen hatten – also beispielsweise Körperverletzung. Von einem wussten wir, dass er mit seinen vierzehn Jahren schon sechzig Einträge im Polizeicomputer hatte, darunter sehr heftige. Einen Richter hatte er noch nie gesehen.

Erst in der neunten Klasse kam er zu uns, vorher war er mehrmals von anderen Schulen geflogen. Er war einer dieser Fälle, die praktisch immer weitergereicht wurden. Zu Hause lebte er längst nicht mehr. Sein neuer Klassenlehrer war ein Kollege, der erzieherisch sehr stark ist, ein hervorragender Pädagoge. Der hat sich wirklich mit dem Schüler auseinandergesetzt, ist bis an Grenzen – seine und des Schülers – gegangen.

Eines Morgens wurde dieser Schüler zufällig von einem Fernsehteam abgefangen, das gerade bei uns auf dem Gelände drehte. Vermutlich ging es auch damals schon um das Thema Regeln und Disziplin. Es war kein Lehrer in der Gegend, die Fernsehleute waren mit dem Schüler alleine. «Wie findest du es denn hier?», fragte der Reporter. Später, als der Bericht gesendet wurde, hörte ich mit Erstaunen seine Antwort. Das sei die beste Schule, auf der er jemals gewesen sei, sagte der Schüler ins Mikrophon. «Warum?», fragte der Journalist erstaunt. «Weil ich hier nicht machen kann, was ich will», antwortete der Schüler. Die Regeln und Grenzen gaben ihm offenbar zum ersten Mal die Möglichkeit, sich wirklich zu entwickeln. Und zwar nicht in eine kriminelle Richtung.

Um solche Erfolge zu haben, muss man als Team

zusammenarbeiten. Nicht nur wir Lehrer, auch die Sekretärin und der Hausmeister spielten bei uns in der Schule, auch bei der Erziehung, eine wichtige Rolle. Sie hatten viel Verantwortung und waren voll eingebunden. Wer sich jetzt wundert – mehr Personal hatten wir damals nicht. Keine Sozialpädagogen, keine Erzieher, keine Logopäden. Trotzdem könnte man heute sagen, wir waren schon multiprofessionell. Und das bewährte sich.

Aber damit gut gearbeitet werden konnte, war mindestens genauso wichtig, dass ich mich als Schulleiter nicht überall einmischte, sondern den Mitarbeitern vertraute. Man darf als Schulleiter nicht hinter jeder Säule stehen und kontrollieren, was der Hausmeister oder eine Lehrerin gerade macht. Ich wusste, ich konnte mich auf meine Leute verlassen, sie waren gut ausgebildet und erfahren. Und wenn mal etwas nicht klappt, dann redet man danach ein klares Wort und hofft, dass es beim nächsten Mal besser läuft.

Auch die Eltern zogen wir nun verstärkt heran. Wir suchten bewusst das Gespräch mit ihnen. Beispielsweise beim Schulschwänzen. Kein Lehrer will über Wochen vor einer halbleeren Klasse stehen. Wir mussten es also erreichen, dass unsere Jugendlichen regelmäßig zur Schule gingen. Dafür brauchten wir die Eltern – wir mussten sie mit ins Boot holen, ihnen im Gespräch aufzeigen, dass sie schließlich Erziehungsverantwortung trugen. Sie sollten ein Auge darauf haben, was ihr Nachwuchs in der Schule tut.

Schwarz-Rot-Gold im tiefsten Kreuzberg

Wir schrieben die betreffenden Eltern direkt an, der Schulleiter lud zum Gespräch ein, viele kamen dann auch. Aber nicht alle. Bei manchen lag Verwahrlosung vor. Andere lebten in einer Parallelwelt, in der Familie viel, aber Bildung wenig zählte. In manchen Fällen arbeitete der Nachwuchs schon im Geschäft oder Restaurant der Eltern mit, illegal, versteht sich. Was auch immer der Hintergrund war – diese Familien sahen offenbar keinen Sinn in Schulbildung. Und verbauten damit ihren Kindern viele Möglichkeiten. Zwangen sie quasi, im familiären Kosmos zu verweilen.

Was tun? Wir wählten einen unkonventionellen Weg. Der stand nicht im Lehrbuch, aber erfüllte seinen Zweck. Unser Trick war die Ausstellung der Schulbescheinigung. Wenn die Schulleitung sie unterschreibt, ist sie praktisch im Jahr viele tausend Euro wert – man braucht sie für das Arbeitsamt, für Behörden, für Sozialleistungen. Wir sind verpflichtet, eine Schulbescheinigung auszustellen. Aber wer sagt, dass wir der Pflicht sofort nachkommen müssen? Es ist ja in unserem gesellschaftlichen Interesse, dass Schüler zur Schule kommen. Die Eltern schien das nicht weiter zu kümmern, sie tauchten auch nach der dritten Einladung zum Gespräch nicht auf.

Also stellten wir bei Schülern mit großer Schuldistanz erst mal keine Bescheinigung aus. Manchmal reichte das, um die Eltern zu uns zu locken. Oder wir gingen noch einen Schritt weiter. Wir baten die Familienkasse, das Kindergeld zurückzuhalten, solange keine Schulbescheinigung vorlag. Wenn sich auf dem Konto ein Loch auftut, lernt man fast jeden kennen. Dann standen die Eltern ganz schnell bei uns im Sekretariat, oftmals hochrot vor Zorn. So paradox es klingt: Das war die Chance für ein Gespräch.

Ich erklärte dann den Eltern, ich sei ein Berliner Beamter, der sich korrekt an die Vorschriften halten müsse. Wenn das Kind nicht zur Schule gehe, könne ich leider auch keine Schulbescheinigung ausstellen. Es gebe ja die Schulpflicht. Mein Vorschlag sei deshalb, dass der Nachwuchs die nächsten vier Wochen jeden Tag zur Schule komme. Danach würde ich der Schülerin oder dem Schüler den Bescheid mit nach Hause geben: «Sie brauchen noch nicht einmal vorbeizukommen.» Das zeigte fast immer Wirkung. Und zwar langfristig. Denn kaum einer wollte noch mal so ein Theater erleben. Außerdem sprach sich diese Maßnahme schnell herum. Man wusste, wir machten ernst.

Ein Ereignis machte mir allerdings klar, dass mein Auftreten als Berliner Beamter allein nicht reichte.

Eines Tages stand der Verwandte eines Schülers im Sekretariat und verlangte die Schulbescheinigung. Es war offensichtlich nicht der Vater, auch nicht der Vormund. Unsere Sekretärin machte ihm freundlich, aber sehr bestimmt klar, sie könne da nichts machen. Solche Dokumente würden nur den Erziehungsberechtigten ausgehändigt, also den Eltern. Sie war eine kleine, eher schmächtige Person mit einer sehr starken Ausstrahlung. Im Normalfall brauchte sie keine Hilfe, und sie konnte es eigentlich nicht leiden, wenn ich mich in ihre Angelegenheiten mischte.

Doch der Verwandte wurde immer lauter, der Ton immer unverschämter. Meine Tür zum Sekretariat stand ja offen, ich kriegte alles mit. Also stand ich auf, ging hinüber zum Tresen und stellte mich höflich vor: «Guten Morgen, mein Name ist Rudolph. Ich bin hier der Schulleiter.» Und dann fragte ich: «Wissen Sie, wo Sie sich hier befinden?» Statt einer Antwort herrschte mich der Mann an: «Wer bist du, dass du mich das fragen darfst?» Das traf mich. Da stand ich nun vor dem Wüterich, in Jackett mit Schlips und Kragen als Schulleiter. Trotzdem zeigte der Mann keinerlei Respekt. Nicht vor mir, nicht vor meiner Funktion, nicht vor der Schule oder unserer Sekretärin.

Ich dachte, das darf doch nicht wahr sein. Wir sind in einem der ältesten Schulgebäude der Stadt, erbaut 1868 nach den Plänen des Stadtbaurates Adolf Gerstenberg, haben ein schönes Sekretariat, ein richtiges Amtszimmer – und nichts beeindruckt diesen Mann. Er hatte überhaupt keine Scheu, frech und bedrohlich aufzutreten. Geschweige denn, dass er verstanden hätte, dass eine Schule Teil des öffentlichen Raumes, der Gesellschaft ist – dass auch hier Regelungen, Verordnungen und Gesetze gelten. Wir sind doch in gewisser Weise eine Dienststelle des Landes Berlin und damit der Bundesrepublik. Wie konnte man das für jeden sichtbar machen?

Zusammen mit Kollegen grübelte ich: Was steht für das offizielle Deutschland? Das Grundgesetz. Aber das irgendwo als Büchlein aufzustellen, hätte wohl nicht viel bewirkt. Ein bisschen dünnes Papier. Obwohl damals das Sommermärchen noch ein paar Jahre entfernt lag, kamen wir irgendwann auf die Idee mit der Fahne. Schwarz-Rot-

Gold. Die Farben, die für die Bundesrepublik stehen, für die Weimarer Demokratie, für die 1848er Revolution. Wir besorgten also einen Fahnenständer und eine Flagge direkt aus der Fahnenfabrik. Und dazu hängten wir noch ein Bild des Bundespräsidenten auf. Das war damals Roman Herzog. Nun war der Raum unübersehbar ein Amtszimmer. Danach führten wir alle wichtigen Elterngespräche vor Flagge und Bundespräsidenten, Schwarz-Rot-Gold im tiefsten Kreuzberg. Bei sehr ernsten Gesprächen, wenn es zwischenzeitlich still wurde, schauten wir nun alle auf den milde blickenden Bundespräsidenten. Und es breitete sich das Gefühl aus, dass wir uns alle gemeinsam um eine Lösung des Problems bemühen sollten.

Aber wir reden hier über eine Brennpunktschule. Nicht alles klappt, nicht alles gelingt. Nicht jeder schafft einen Abschluss. Und nicht immer geht das Konzept auf, das man sich zurechtgelegt hat. Rückschläge gehören dazu.

Einmal fand eine Klassenkonferenz bei uns statt. Ein Schüler der zehnten Klasse hatte seine Lehrerin auf das Übelste beschimpft und bedroht. In einer Weise, die auch wir an unserer Schule nicht gewohnt waren, obwohl wir schon viel gesehen hatten und nicht allzu empfindlich waren. Wir saßen alle zusammen, die Lehrerin, die Klassenlehrerin, andere Kollegen, und beratschlagten, was nun zu tun sei. Das Verhalten des Schülers war nicht hinnehmbar, darüber gab es nichts zu diskutieren. Aber wir wollten den Schüler nicht loswerden, sondern ihm noch mal eine Chance bieten, in der Hoffnung, seinem Lebensweg einen besseren Dreh zu geben. Ziel der Erziehung ist ja immer, eine Veränderung des Verhaltens zu erreichen.

Konkret hieß das: Er musste sich bei der Lehrerin entschuldigen, dann würden Sanktionen folgen, um ihn am Ende – hoffentlich einsichtig – wieder in der Klasse und damit Schulgemeinschaft aufzunehmen. Die meisten Dinge, daran glaube ich fest, sind innerhalb einer Schule heilbar.

Aufgrund der Heftigkeit des Vorfalls beschlossen wir aber, sehr scharf vorzugehen und einen Schulverweis anzudrohen. Draußen auf dem Gang wartete der Schüler mit seinen Angehörigen. Wir traten also hinaus und teilten ihm und seiner Familie, die zahlreich erschienen war, mit, wie unsere Entscheidung lautete. Da flippte der Schüler aus. Er ging einer Lehrerin, die ihm am nächsten stand, an den Hals, würgte sie und schrie: «Ich bring dich um!» Übrigens nicht diejenige, die er ursprünglich mit den Beschimpfungen angegangen war.

Es war eine junge Lehrerin, ich sehe ihr panisches Gesicht heute noch vor mir. Wenn ein Lehrer tätlich angegriffen wird, dann ist für mich die rote Linie überschritten. Danach gibt es keinen Weg zurück, da stößt meine Pädagogik an ihre Grenzen. Wir haben also gleich entschieden: Jetzt ist Schluss. Der Kerl fliegt von der Schule. Sofort. Der sollte sich nie wieder bei uns blickenlassen. Ich trage als Schulleiter Verantwortung für meine Lehrer, ich muss sie schützen.

Der Kreuzberger Schulrat damals, der für uns zuständig war, sah das allerdings anders. Er weigerte sich, den Schulverweis zu unterschreiben. Als wir protestierten, kam er deshalb zu uns in die Gesamtkonferenz. Man hätte die Luft schneiden können, so angespannt war die Stimmung. Wir fragten ihn wütend, warum er sich weigere. Da erzählte der Schulrat unbekümmert, er habe die Familie zu Hause besucht. «Liebe Kolleginnen und Kollegen», begann er, «ich habe dort mehrmals Tee getrunken und stundenlang mit ihnen gesprochen.» Diese Menschen seien aller Ehren wert. «Eine reiche Familie aus dem Libanon.» Interessant, dachten wir damals, bei uns laufen die als Sozialhilfeempfänger. Aber das interessierte den Schulrat nicht. Er hatte sich schließlich bei mehreren privaten Teestunden mit denen verbrüdert. Und ließ uns als Vorgesetzter hängen.

Wir haben das nicht hingenommen, ich bin dann einige Instanzen höher gegangen. Der Schüler kehrte nicht mehr zu uns zurück. Und der Schulrat wurde irgendwann versetzt. Manche Verstöße sind eben nicht heilbar.

Vielfalt braucht Gemeinsamkeit

Ein ganz normaler Schulmorgen, zweite Stunde. In meiner aktuellen Schule, der Friedrich-Bergius in Friedenau, hat eine achte Klasse Sport. Würde man in eine der Hallen hineinblicken, sähe man wohl eine Gruppe von Mädchen, die im Kreis stehen und sich gegenseitig den Ball zupritschen. Es wird bestimmt gegiggelt und gelacht, die Lehrerin ermahnt womöglich ihre Schülerinnen, sich zu konzentrieren. Noch wärmt man sich auf. Ein Netz teilt aber schon den Raum, gleich sollen zwei Mannschaften gebildet werden, um eine Runde Volleyball zu spielen. So etwa, vermute ich, wird sich die Szene abspielen. Genau kann ich es aber nicht sagen. Denn was auf den ersten Blick so alltäglich wirkt, ist eine besondere Situation. Keine unserer Schülerinnen trägt während des Sportunterrichts ein Kopftuch. Und deshalb darf ich als Schulleiter, als Mann, in dieser Zeit die Halle nicht betreten.

Die Sache mit dem Kopftuch

Wir haben viele Schülerinnen muslimischen Glaubens an unserer Schule. Nicht jede trägt ein Kopftuch. Ob eine Schülerin eines trägt oder ob nicht, sagt nichts über die

Tiefe ihres Glaubens aus, sondern meist etwas über den familiären Hintergrund – stammt das Mädchen aus einer liberalen oder eher traditionellen Familie? Bei uns, als staatlicher Schule, spielt Religion eine untergeordnete Rolle. Wir glauben an das Neutralitätsgebot, jede Schülerin, jeder Schüler soll sich bei uns wohlfühlen. Deshalb respektieren wir, wenn Schülerinnen das Kopftuch als für sie verpflichtendes Glaubensgebot in unserer Schule tragen. Das ist ihr gutes Recht.

Allerdings birgt das Kopftuch im Sportunterricht ein gewisses Verletzungsrisiko. Beim Geräteturnen kann man sich darin verfangen, bei Ballspielen kann es verrutschen und die Sicht nehmen. Deshalb steht in unserer Schulordnung ausdrücklich, dass ein Kopftuch während des Sportunterrichts abgenommen werden muss. Es gehört nicht zur Sportbekleidung. Mit dieser Vorschrift sind wir nicht alleine, viele Schulen halten es so. In manchen Bundesländern wie in Bayern ist es sogar ausdrücklich so geregelt. «Kopftücher sollten beim Sportunterricht aus Gründen der Sicherheit und der Unfallvermeidung nicht getragen werden», heißt es in einer Schulsportbroschüre des Bayerischen Staatsministeriums für Unterricht und Kultus. Und dass wir so verfahren, ist jeder Schülerin bewusst, denn die Schülerinnen und Eltern werden schon bei der Anmeldung über diese «Regeln für den Sportunterricht» aufgeklärt.

Weil wir aber als Schule vermeiden möchten, dass unsere Schülerinnen in einen Gewissenskonflikt geraten, kommen wir ihnen entgegen. Wir schaffen ihnen einen Raum, in dem sie das Kopftuch problemlos abnehmen können. Der Sportunterricht findet ja für Mädchen und Jungs in getrennten Gruppen statt. Aber wir haben auch noch das Glück, über zwei Turnhallen zu verfügen. Eine sehr moderne, wo meist die Mädchen ihren Sportunterricht haben. Sie steht direkt am Pausenhof. Und eine aus den 6oer Jahren, etwas abgelegen hinter dem Tartanplatz, ein bisschen gammelig, aber mit einem wunderbaren Holzboden. Dort findet der Sportunterricht der Jungs statt. Räumlich kommt man sich also nicht in die Quere. Unterrichtet werden die Mädchen in diesem Fach nur von Lehrerinnen.

Das alles bedarf vieler Organisation, erfordert auch Kompromisse vom Kollegium. Aber es ist uns wichtig, nicht nur wegen der Unfallgefahr. Wir möchten, dass unsere Schülerinnen, die Kopftuch tragen, sich im Schulalltag drei Stunden in der Woche so ungezwungen bewegen können, wie sie es auch in ihren privaten vier Wänden tun. Dass die Schule wirklich für einen Moment wie ein Zuhause für sie ist und es nichts Äußerliches mehr gibt, das sie von ihren Mitschülerinnen trennt. Alle tragen zum Sport die gleichen bunten Sport-T-Shirts unserer Schule. Es ist ein wichtiger Moment – ein kurzer, kopftuchloser Moment –, um als Schulgemeinschaft zusammenzuwachsen. Es ist eine andere Erfahrung im Schulalltag, ein anderes Körpergefühl. Und es erlaubt den Schülerinnen, an allen Übungen teilzunehmen, ob Stufenbarren, Bock oder Völkerball. Keine muss sich auf die Bank setzen, weil sie ihr Kopftuch nicht abnehmen möchte.

Das Kopftuch begleitet mich schon, seitdem ich Lehrer bin. Im Kreuzberg des späten Westberlins gehörte es zum Alltag auf den Straßen, wobei es anfangs von vielen Frauen noch fast bäuerlich getragen wurde, unter dem Kinn gebunden, oft war sogar noch der Haaransatz zu sehen. Ein vertrautes Bild, wie ich es auch von den Frauen meiner ländlichen Verwandtschaft im Spreewald kannte. Überhaupt war damals das Kopftuch auch bei deutschen Frauen noch viel alltäglicher, die älteren Berliner Damen trugen es bei Wind und Wetter oder wenn sie gerade mit einer frischen Dauerwelle vom Friseur kamen. Aber in Kreuzberg war es besonders präsent, auch bei uns an der damaligen Hauptschule. Denke ich daran zurück, kommt mir diese Zeit fast idyllisch vor – das Kopftuch war eine ältere, traditionellere Art, sich zu kleiden. Das Religiöse schien nur ein Aspekt von mehreren.

Unsere Regel: «Kein Kopftuch im Sportunterricht» stammt noch von dort und wurde maßgeblich vorangetrieben von unseren Lehrerinnen. Darin wurden wir sehr von unseren türkischen Kolleginnen und Kollegen unterstützt, die in den 70er und 80er Jahren an der Schule arbeiteten. Sie unterrichteten damals die Vorbereitungsklassen für Schüler, die erst als Jugendliche durch den Familiennachzug aus der Türkei zu uns kamen und anfangs kein Wort Deutsch sprachen. Diese Lehrer agierten als Mittler, sie waren sehr wichtig für uns. Sie standen noch ganz in der Tradition Atatürks, also der Trennung von Staat und Religion, und lehnten das Kopftuch an staatlichen Schulen generell ab. Dieses Bild einer modernen Türkei war für viele von uns Lehrern in Kreuzberg prägend. Deutschland hat aber keine laizistische Tradition, hier gilt für Schüler Religionsfreiheit – eben genau in dem Sinne, dass sie ihre

Religion offen zeigen können. Doch für den Sportunterricht war ein Kopftuchverbot sinnvoll, schon weil es Verletzungen verhinderte.

Ärger deshalb gab es immer wieder. Ich erinnere mich an einen Fall an der Gerhart-Hauptmann-Schule, als ein Vater sich sehr über unsere Kopftuch-Regelung im Sportunterricht erboste. Ich war in der Klasse stellvertretender Klassenlehrer, und als meine Kollegin, die Klassenlehrerin, einen Elternabend einberief, beschlossen wir, danach den Vater zu bitten, noch einen Moment zu bleiben, damit wir mit ihm reden konnten. Er hörte sich unsere Argumentation an, unsere Bedenken zur Verletzungsgefahr; wir nahmen damals den Stufenbarren als Beispiel und versuchten ihm klarzumachen, welche gefährlichen Situationen durch ein Kopftuch entstünden, wenn seine Tochter es nicht ablege. Unsere Beschreibung war sehr konkret. Wir merkten allerdings, wie er immer zorniger wurde. Schließlich stapfte er wutentbrannt zur Tür, es war klar, er würde sie gleich lautstark hinter sich ins Schloss werfen. Vorher rief er aber noch mit bebender Stimme: «Tod egal, aber Kopftuch!»

Das hat meine Kollegin und mich damals wirklich schockiert. Wie kann ein Vater so über seine Tochter sprechen? Wir waren danach so frustriert, dass wir zu «Eis Hennig» am Tempelhofer Damm gingen – einfach um den Auftritt wieder aus den Knochen zu bekommen. Ich sehe uns noch vor mir, wie wir an diesem Abend schweigend unsere Kirscheisschalen löffelten, unfähig, die richtigen Worte zu finden. Wir hatten an diesem Punkt gemerkt, dass uns da etwas gegenübertrat, was uns wirklich fremd war. Wir hatten uns nicht mehr vorstellen können, dass religiöser Glaube eine solche Kraft entwickeln konnte. Das hatten wir bislang im säkularisierten West-Berlin noch nicht erlebt. Sicherlich hatte auch das Christentum vor Jahrhunderten solche Phasen gehabt. Aber das war Geschichte. Und nun erfuhren wir in unserer hochpolitisierten Frontstadt jählings die Wucht einer Religion. Und standen ihr ratlos gegenüber.

Der Druck, das Kopftuch durchgehend zu tragen, ging damals stark von den Familien aus. Unsere Schülerinnen selber erschienen dagegen ambivalent. Wir merkten es an den Wandertagen: Stiegen wir mit der Klasse am Görlitzer Bahnhof in die U1 und fuhren Richtung Bahnhof Zoo – also heraus aus Kreuzberg SO 36 –, dann nahmen am Halleschen Tor alle unsere Schülerinnen wie auf ein Handzeichen ihre Kopftücher ab. Das habe ich immer wieder erlebt. Sie wussten, jetzt fängt das «deutsche» Berlin an – ab hier würden sie auf keinen männlichen Verwandten mehr treffen, keinen Onkel, keinen Vater, keinen Großvater. Kreuzberg war damals wirklich ein engbegrenzter Bezirk für viele Türken, gerade für die älteren, sodass ihr Radius auf wenige Straßen beschränkt blieb. Interessanterweise war damals noch kein Thema, was die männlichen Mitschüler dachten. Von denen ging offenbar kein Druck aus, sie verpetzten die Mädchen auch nicht zu Hause. Fuhren wir vom Wandertag zurück, wurden die Kopftücher am Halleschen Tor ganz selbstverständlich wieder angelegt. Wir verließen die deutsche und betraten wieder die türkische Zone.

Und heute? In den letzten Jahren hat sich etwas verändert. Wir hatten zuletzt auch wieder Ärger wegen des

Themas. Zwei Schülerinnen weigerten sich, das Kopftuch im Sportunterricht abzunehmen. Gut, dann muss man reden. Wir luden also jeweils die Schülerinnen mit ihren Eltern zum Gespräch ein. Der eine Vater betonte mehrmals, er sei in der Frage liberal, seine Tochter könne frei entscheiden. Er übe keinerlei Druck aus. Interessanterweise kamen diese Familien aber nicht alleine, sondern in Begleitung. Es waren offenbar Vertreter eines Moscheevereins, die plötzlich bei mir im Amtszimmer saßen.

Diese Begleiter eröffneten mir nun, unsere ganzen Maßnahmen beim Sport – die Geschlechtertrennung, der örtliche Abstand zwischen Jungen und Mädchen, die Lehrerinnen – seien ja alle schön und gut. Aber nicht ausreichend. Denn es könne immer noch sein, dass zufällig der Hausmeister in die Halle stolpere, um eine Birne auszuwechseln. Oder ein Sportlehrer, der irgendetwas vergessen habe. Oder ich als Schulleiter, weil ich eine Kollegin sprechen müsse. Wir könnten einfach nicht garantieren, dass es niemals zu solchen Situationen komme. Deshalb müsse das Tuch bei den Mädchen auch im Sportunterricht auf dem Kopf bleiben. Überhaupt sollten wir uns Länder wie Saudi-Arabien oder den Iran als Vorbild nehmen, dort würden die jungen Frauen alle mit einem Kopftuch auch am Sportunterricht teilnehmen. Das sei doch kein Problem.

In dem Moment habe ich mich ernsthaft gefragt, ob das ernst gemeint war und welche Kräfte da im Hintergrund wirken. Als Schulleiter gehe ich schon viele Kompromisse ein, lasse mich – genau wie die männlichen Lehrer und der Hausmeister – in meiner Souveränität kurzzeitig beschränken. Das tue ich aus Respekt. Obwohl mich dieser Umgang zwischen den Geschlechtern persönlich sehr irritiert. Das Kopftuch soll ja nicht nur ein Ausdruck von Religion sein, sondern auch von Sittsamkeit. «Jedes Kopftuch, das erkennbarermaßen aufgrund der Anschauung getragen wird, dass das weibliche Haupthaar verhüllt werden muss, weil von ihm sexuelle Reizwirkung ausgehen könnte, markiert logischerweise umgekehrt auch seine Trägerin als potenzielles Sexualobjekt», heißt es bei der Deutschen Islamkonferenz. Als Lehrer und Schulleiter bin ich für meine Schülerinnen verantwortlich, ich habe den Auftrag, ihnen «ein Höchstmaß an Urteilskraft, gründliches Wissen und Können zu vermitteln». So steht es im Schulgesetz. Sexualität hat in diesem Verhältnis nichts, aber auch gar nichts zu suchen. Doch nun soll es plötzlich indirekt Thema sein. «Die Wertung, die durch das Kopftuch zugleich über die männlichen Mitmenschen außerhalb der Familie gesendet wird, ist gelinde gesagt noch problematischer, denn ihnen wird permanent ein Wille zur unsittlichen Belästigung unterstellt, dem nur durch Verhüllung des Mädchens oder der Frau vorgebeugt und entgegengewirkt werden könne», bringt es der SPD-Politiker und Jurist Rolf Schwanitz auf den Punkt.

Es gab mehrere Treffen mit dieser einen Schülerin, den Eltern und Begleitern, ja sogar Rechtsanwälten. Wir hatten tatsächlich das Gefühl, dass hier eine konzertierte Aktion abläuft, die womöglich über einen kleinen Moscheeverein oder eine Anwaltskanzlei hinausreicht. Auf der Schülerin lastete offenbar ein gewisser Druck. Es ist ja bekannt, dass beispielsweise die türkische Regierung über islamische Organisationen in Deutschland versucht, Einfluss zu gewinnen. Und wir haben das Problem, dass in unserem Bundesland diese Frage nicht wirklich geregelt ist. Unsere Schulordnung ist eine Möglichkeit, die Dinge zu sehen. Aber man kann als Schule auch ganz anders handeln. Es gibt zumindest eine Handreichung der Schulverwaltung für Berliner Lehrer «Islam und Schule» aus dem Jahr 2010, dort heißt es genau zu dem Thema Kopftuch im Sportunterricht: «Bei der Bekleidung sollte ein flexibler und pragmatischer Umgang vereinbart werden: Lange Trainingsanzüge und sportgerechte Kopftücher sind einfache und preiswerte Lösungen. All diese Optionen sollten Schülerinnen, Schülern und Eltern auch vermittelt werden. Voraussetzung für ein Gelingen wäre also die Gesprächsbereitschaft auf Seiten der Schule sowie bei den Schülerinnen und Schülern und deren Eltern.» Aber auch das sei nur ein Vorschlag für eine «pragmatische Lösung» und natürlich nicht bindend. Allerdings – «pragmatisch» hieß in unserem Berliner Fall: Wir mussten am Ende dem Druck der Schülerin, deren Eltern und dem Anwalt nachgeben, das wurde uns von höherer Stelle signalisiert. Hauptsache, das Ganze landete nicht vor Gericht.

Auch in Nordrhein-Westfalen ist die Frage des Kopftuchs im Sportunterricht ähnlich schwammig formuliert. Kopftücher dürften die «Sicherheit nicht beeinträchtigen», die Sportlehrer müssten sicherstellen, dass «die Sicherheitsanforderungen erfüllt sind». Das führt zu Verunsicherungen – wie mit dieser Verantwortung umgehen? Der Sportlehrerverband des Landes hat deshalb mit einem Fachmann aus der dortigen Schulverwaltung einen typischen Fall konstruiert und für hilfesuchende Lehrer exemplarisch beantwortet. Ein Mädchen weigere sich plötzlich, im Sportunterricht das Kopftuch abzunehmen, heißt es dort. Bisher habe man sich immer arrangieren können, aber diesmal nicht. Die Antwort der Verwaltung? Der Fall sei «bedauerlich». Aber man müsse halt sehen, dass ein Kopftuch nicht mit einer Basketballkappe zu vergleichen sei. Grundsätzlich, heißt es dort, dürfe das Abnehmen des Kopftuches kein Problem sein, wenn der Unterricht nicht koedukativ sei – also gemischtgeschlechtlich. Reiche aber auch das den Schülerinnen nicht, arbeiteten einige Schulen mit Haarklammern, um das Kopftuch zu befestigen. Dann müssten die Schülerinnen aber bei bestimmten gefährlichen Übungen auf der Bank sitzen bleiben. Man bitte also die Schule, «dass man sich innerhalb der Sport-Fachschaft vor dem Hintergrund des grundsätzlichen Erziehungs- und Bildungsauftrags der Schule auf Grundsätze einigt, die dann jede Lehrkraft in eigener Verantwortung umsetzt». Ein solches Verfahren habe dann auch die «nötige Rechtssicherheit».

Plötzlich heterogen?

Der Ball wird also an uns Schulen zurückgespielt. Meiner Erfahrung nach – nach Jahrzehnten im Schulbetrieb – passiert das viel zu häufig bei heiklen Fragen. Die Politik duckt sich weg, die Verwaltung sowieso. Wir wagen es kaum, uns in großen Fragen zu positionieren. In diesem Falle wäre es für alle einfacher, wenn wir die Situation bindend regelten. Es gibt ja inzwischen von Firmen wie Nike und Adidas enganliegende Hijabs aus atmungsaktiver Sporttextilie. Aber wollen wir diesen Weg gehen? Wir müssten uns dafür als Gesellschaft grundsätzlich fragen: Was ist uns wichtiger – die Übernahme einer kulturellen und religiösen Tradition, die andere Wurzeln hat und unserem heutigen Geschlechterbild nicht entspricht, oder einen kurzen Moment der Gleichstellung der Geschlechter in einem geschützten, respektvollen Rahmen, weil uns als Gesellschaft die Rechte der Frauen wichtig sind? Was ist einer Religion in einer staatlichen Schule zuzugestehen und was nicht? Doch diese Fragen werden von der Politik nicht grundsätzlich beantwortet. Stattdessen werden wir Schulen mit diesen vielen Einzelfällen alleingelassen.

Wir brauchen Klarheit, wo es geht, denn es bleiben auch so genügend Spannungen im Schulalltag. Von Bildungsforschern – Erziehungswissenschaftlern, Pädagogen, Bildungswissenschaftlern – hört man immer wieder den Vorwurf, wir deutschen Lehrer müssten endlich lernen, mit Vielfalt umzugehen. Hintergrund ist unser mehrgliedriges Schulsystem, das dazu verführe, als «Selektionsinstrument» zu dienen, wie beispielsweise der Erziehungswissenschaftler Georg Auernheimer meint. «Die Verfügbarkeit dieser Instrumente bestärkt die ‹Sehnsucht› nach Homogenisierung und verhindert, dass der Umgang mit Heterogenität gelernt wird.» Nach vielen Jahren als Lehrer kann ich mit Sicherheit sagen, dass es homogene Lerngruppen nie gegeben hat, selbst an Gymnasien nicht. Aber natürlich hat diese Schulform, anders als unsere, die Möglichkeit, Schüler nach einer Probezeit abzulehnen. Für uns – und viele andere Schulen auch – dagegen ist Heterogenität seit Jahrzehnten ein großes Thema. Das gilt nicht nur für die Leistung, sondern auch für den familiären und sozialen Hintergrund der Schüler. Es ist nicht so, dass wir jetzt erst von Professoren darauf hingewiesen werden müssten. Und gerade weil wir langjährige Erfahrung mit dem Thema haben, sind wir uns so sicher: Klare Regeln und Grundsätze sind im täglichen Umgang entscheidend.

Nehmen wir eine ganz normale große Pause. Unsere Schüler betreiben zusammen mit einer unserer Mitarbeiterinnen einen kleinen Kiosk in der Mensa, in dem man Snacks kaufen kann. Die Schüler nutzen das Angebot gerne, der Kiosk ist in jeder Pause gut besucht. Natürlich ist gerade in den ersten zehn Minuten der Andrang groß. Deshalb bitten wir unsere Schüler, sich vor der Mensa anzustellen – und zwar in einer ordentlichen Schlange. Wer zuerst kommt, steht vorne, wer zuletzt aufschlägt, hinten – völlig unabhängig von seiner Muskelmasse oder der Anzahl seiner Kumpels. Damit das klappt, steht schon außen vor der Mensa, wo die Schlange sich bildet, eine Aufsicht. Es wird dann immer eine Gruppe von rund zehn Schülern in die Mensa gelassen, die sich dann dort wieder anstellt und etwas kauft. Auch da steht wieder eine Lehrkraft als Aufsicht. Genauso wie eine andere Lehrerin im Mensabereich darauf achtet, dass auch wieder abgeräumt wird.

Es benötigt also drei Lehrer und eine Mensa-Mitarbeiterin plus einige Schüler, einfach nur um den Kiosk zu betreiben und den Einlass zu regeln. Übertrieben? Als ich 2005 an dieser Schule anfing, hatten wir fast in jeder

Pause eine schwere Schlägerei. Die Schüler kamen oft völlig überdreht und überhitzt aus der Pause, an Unterricht war dann nicht mehr zu denken. So ein Kiosk ist ähnlich wie die Freibad-Situation, die wir im Sommer kennen. Da gibt es etwas Tolles, da wollen alle schnell hin, das ist begehrt: entweder der Sprungturm oder das Snickers. Auch zivilisiertes Warten, bis man an die Reihe kommt, will gelernt sein. Würden wir keine Aufsicht führen, wäre die Gefahr, dass die körperlich Stärkeren und Rücksichtsloseren sich nach vorne drängeln, groß. Besonders weil es auch Spannungen unter den Schülern gibt, die von außerhalb kommen, manchmal auch von der ganz großen Weltbühne. «Bist du Kurde?», fragt ein Schüler einen anderen, der drei Plätze vor ihm wartet. Was harmlos klingt, ist in den Tagen eines türkischen Einmarsches in syrisches Kurdengebiet eine ernste Frage. Manchmal reichen schon drei Worte und ein Fragezeichen, um Gemüter zu erhitzen. Disziplin dagegen hilft, abzukühlen.

Wir sollen nun endlich nachsitzen in puncto Vielfalt. Diese Mahnung aus dem akademischen Elfenbeinturm kommt Jahrzehnte zu spät. Als ich 1978 in Kreuzberg begann, waren wir Lehrer sicherlich noch überfordert und auch ungelenk mit dem Thema. Auch völlig mit der neuen Situation alleingelassen. Damals sprach man noch pauschal von «Ausländern», unsere Schüler besuchten «Ausländerklassen». Mitte der 80er Jahre listete die Schulstatistik West-Berlins schon 187 verschiedene Familiensprachen der Schüler auf. Auch bei uns an der Schule hatten wir viele Nationalitäten, die größte Gruppe war aber damals ohne Zweifel die türkische.

Die Türken? Es dauerte eine Weile, bis wir merkten, Türke ist nicht gleich Türke. Es gab unter unseren Schülern Türken – deren Familien oft aus ländlichen Gebieten wie Anatolien stammten – und «Bergtürken». Letztere waren die Kurden, die existierten ja nach offizieller Lesart damals nicht. Die Eltern beider Schülergruppen hatten oft kaum oder gar keine Schulbildung genossen, viele von ihnen waren Analphabeten, die aber von einem großen Wunsch beseelt waren: Es sollte ihren Kindern besser ergehen. Die hatten Vertrauen und auch Erwartungen an uns als Schule, auch an uns Lehrer, den «öğretmen». Manchmal sagten die Väter uns: «Das Fleisch gehört dir, die Knochen mir», was wir natürlich ziemlich irritierend fanden. Sie wollten uns damit sagen, dass sie uns das Wichtigste geben, was sie haben – ihre Kinder. Denen sollten wir alles beibringen, was notwendig war, mit welcher Methode auch immer. Die Schule in der Türkei war ja damals noch sehr autoritär, es wurde auch geschlagen.

Diese türkischen und kurdischen Eltern, selbst wenn manche nicht lesen und schreiben konnten, waren uns damals eine große Hilfe, weil sie ihren Kindern, unseren Schülern, Halt gaben. Viele von denen hatten ja einen wirklich schweren Start, gerade wenn sie erst als Jugendliche aus der Türkei zu uns gekommen waren, ohne ein Wort Deutsch zu können, und dann in der berüchtigten «Ausländerklasse» landeten. Und trotzdem fanden am Ende die meisten ihren Weg. Die türkischen Schüler zeichneten sich dadurch aus, dass sie in richtigen Familien gelebt haben. Das war anders als bei vielen unserer deutschen Schüler aus Kreuzberg, wo zu Hause oft schon einiges zerrüttet war. Man darf nicht vergessen – viele ursprüngliche Familien, in denen die Eltern in Lohn und Brot standen, waren längst aus dem damals heruntergekommenen Kreuzberg weggezogen. Geblieben waren die, die wenig finanzielle Möglichkeiten hatten – wie arme Rentnerinnen – oder die wenig Initiative im Leben zeigten. Familien, in denen morgens nur einer aufstand: das schulpflichtige Kind. Der Rest blieb liegen und schlief bis mittags. Da gab es kaum familiären Halt. Ich erinnere mich an Neuntklässler, die vormittags schon so betrunken waren, dass sie torkelnd und lallend durch das Schulgebäude wankten. Das habe ich bei türkischen Schülern nie erlebt.

Die «Gastarbeitereltern», wie man damals noch sagte, standen paradoxerweise im Gegensatz zu den gebildeten türkischen Lehrern, die uns damals in Kreuzberg unterstützten – sie wurden sozusagen vom türkischen Staat an uns ausgeliehen. Die meisten von ihnen stammten aus Großstädten wie Istanbul und Ankara, sie schienen aus einer völlig anderen Welt zu kommen. Einen dieser türkischen Kollegen schätzte ich sehr. Ein wunderbarer, sehr gebildeter Mann, der sehr gut Deutsch sprach. Er saß immer mit dem «Tagesspiegel» im Lehrerzimmer und las in der Pause. Wir freundeten uns an. Irgendwann offenbarte er mir, er sei kein Türke, sondern ein armenischer Christ. Er bat mich aber eindringlich, das niemandem zu verraten – weder den Kollegen noch den Schülern. Es war bitter zu erleben, dass dieser Mann seine Herkunft verbergen musste, nach all dem Leid, das die Armenier im Ersten Weltkrieg hatten durchleben müssen.

«Alle Religionen seindt gleich und guth»

Es war eine verwirrend komplexe Realität, der wir uns plötzlich im Schulalltag gegenübersahen. Eigentlich hatte ich ja ganz zu Beginn Lehrer werden wollen, um nachmittags Tennis spielen zu können. Zwar habe ich noch nie in meinem Leben Tennis gespielt, aber es war so ein Bild, das sich seit meiner eigenen Schulzeit in meinem Kopf festgesetzt hatte. Lehrer, dachte ich noch als Abiturient, haben vormittags ein ruhiges Leben und schlagen nachmittags gemächlich den Ball über das Netz. Weit gefehlt, der Alltag sah ganz anders aus. Und nun lernte ich auch den Orient mit all seinen Spannungen kennen. Denn spätestens nachdem eine wutentbrannte türkische Mutter über den Schulhof hinter einem Schüler herjagte, der ihrem Sohn irgendetwas angetan hatte, und dabei «Arab, Arab!» schrie, wussten wir, wie groß die Animositäten innerhalb der muslimischen Welt sein konnten. Viele türkische und arabische Eltern behandelten einander sehr distanziert.

Damals merkten wir schnell, wir brauchen innerhalb der Schule eine Grundlage, auf der wir alle zusammenkommen können. Denn früh trat der Fall ein, dass es Ärger um Noten gab, wenn beispielsweise eine Deutscharbeit mit einer Fünf zurückkam. Das kann ja passieren. Dann wüteten manchmal Schüler und warfen den Lehrern vor: «Das ist keine Fünf. Sie sind ausländerfeindlich!»

Dieser Vorwurf traf uns Lehrerinnen und Lehrer sehr. Wir bemühten uns ja, die Leistungen unserer Schüler zu verbessern – aber nicht immer stellte sich der Erfolg sofort ein. Was abgegeben worden war, blieb in manchem konkreten Fall eben «mangelhaft». Doch durch den Vorwurf der Ausländerfeindlichkeit verfielen wir in eine Art Schockstarre.

Da kam uns die Geschichte zu Hilfe. Berlin hat immer wieder Wellen der Einwanderung erlebt, das hat hier eine jahrhundertelange Tradition. Auch bei der Einwanderung der Hugenotten um 1700 gab es anfangs viel Vorbehalt und Unmut: falsche Religion, falsche Sprache. Jahrzehnte blieb die große Gruppe der Hugenotten in Berlin unter sich, man wohnte in eigenen Vierteln, kaufte in eigenen Läden ein, vermied die normale Berliner Bevölkerung, vermied auch, Deutsch zu sprechen. Das führte zu viel Ärger auf beiden Seiten. Zuwanderung ist, das war aus der Geschichte zu lernen, zu Beginn oft mit großen Schwierigkeiten verbunden. Also haben wir die berühmte handschriftliche Anmerkung Friedrich des Großen von 1740 als Leitbild genommen, die er an den Rand eines Bittbriefes geschrieben hatte. «Alle Religionen seindt gleich und guth, wan nurh die leute, so sie profesieren, Ehrlige leute seindt, und wen Türken und Heihden kämen und wollten das Land pöpliren, so wollen wir sie Mosqueen und Kirchen bauen.» Sprich: Wer nach Preußen kommt und mit anpackt, sei herzlich willkommen.

Wir nahmen uns diesen bald 300 Jahre alten Satz zum Vorbild. Dieses historische Zitat haben wir in jeder Klasse, in jedem Jahrgang mit den Schülern besprochen. Und haben den Schülern gesagt, was wir von ihnen erwarten. «Ehrlige leute». Was heißt das für die Schüler? Dass sie pünktlich morgens kommen, die Schulsachen dabeihaben, mitziehen im Unterricht, aufmerksam sind, lernen, sich höflich benehmen und in der Pause niemandem auf die Nase hauen. Das zählt. Nicht die Herkunft, nicht die Religion.

Bis heute dient uns dieser Satz Friedrich des Großen mit seiner preußischen Toleranz als Grundlage unserer täglichen Arbeit. Ich habe ihn seitdem an jede meiner Schulen mitgenommen. Denn die Schüler sollen verstehen, dass wir ihnen unvoreingenommen gegenübertreten. Gleichgültig, woher sie stammen, gleichgültig, was sonst im Leben bei ihr oder ihm los ist. Jeder Schüler ist bei uns willkommen. Unsere Lehrerinnen und Lehrer unterrichten nach dem Motto: «Du bist mein Schüler, und ich bin für dich verantwortlich.» Wenn aber jemand seine Leistung nicht bringt oder sein Verhalten unakzeptabel ist, dann wird darauf reagiert. Das gilt für alle. Wir wollen wirklich niemandem seine Identität nehmen – aber bei uns in der Schule spielt es keine Rolle, woher sie oder er kommt. Nur ob sie bei uns lernen und damit ankommen wollen.

Deutschland hat sich verändert, wir sind ein Einwanderungsland geworden. Es hat eine Weile gebraucht, bis wir es selbst begriffen haben. Die Gründe, warum Menschen zu uns kommen, sind vielfältig. Die moderne Pädagogik betont inzwischen sehr stark diese neue – oder besser: neu entdeckte – Heterogenität. Pädagogikprofessoren wie Klaus-Jürgen Tillmann unterstellen den deutschen Lehrern pauschal, für viele sei diese Heterogenität «ein Problem, ein Ärgernis». Es müsse deshalb dringend eine «individualisierende Pädagogik» erlernt werden. Idealerweise soll jedes Kind einzeln, in seiner Gesamtsituation betrachtet werden und dann einen von multiprofessionellen Teams auf den einzelnen Schüler zugeschnittenen Unterricht in der Schule erhalten.

Aber gerade weil die Heterogenität so zugenommen hat, weil die Lebenserfahrung so divers ist, sollten wir stärker darüber nachdenken, wo für uns alle eine gemeinsame Basis liegen kann. Das ist unsere Erfahrung aus vielen Jahrzehnten einer heterogenen Schülerschaft – ob vom kulturellen, nationalen oder religiösen Hintergrund oder vom Leistungsspektrum, das bei uns in den Klassen auch weit auseinanderliegt. Entscheidend ist doch, wie man im Unterricht zusammenkommt, anstatt noch weiter auseinanderzufallen. Wir brauchen Unterrichts- und Erziehungsformen, die es Lehrerinnen und Lehrern ermöglichen, mit der heutigen Komplexität umzugehen. Denn wir Lehrer haben nicht endlos Kraft, und die Schüler haben nicht endlos Zeit. Je klarer die Strukturen sind, desto leichter findet man in den Schulalltag hinein.

Zuletzt haben wir das nach dem Flüchtlingssommer 2015 erlebt. Auch an unserer Schule standen wir vor der Herausforderung, in kurzer Zeit Schülerinnen und Schüler, die kein Wort Deutsch sprachen, ins Schulsystem einzugliedern und wenn möglich zum Abschluss zu bringen. «Wir schaffen das!» Der Talkshow-Satz der Bundeskanzlerin Angela Merkel formulierte sich bei uns in der Willkommensklasse zu einer sehr konkreten Frage um: «Schaffen wir das?»

Tatsächlich haben wir bei etlichen dieser Schüler Erstaunliches gesehen. Nicht jeder hat den Sprung geschafft, aber manche schrieben in relativ kurzer Zeit bessere Noten als Mitschüler, die hier geboren waren – und das, obwohl sie erst Deutsch lernen mussten. Ihr Übergang in die Regelklassen war bei einigen überraschend unproblematisch. Eine unserer besten Absolventinnen war im letzten Schuljahr eine junge Frau aus Syrien. Das war faszinierend zu sehen, wie schnell sie aufholte. Man merkte, dass es dort – vor dem Bürgerkrieg – ein gutes Schulsystem gab. Ähnlich wie im Irak. Bei Schülern aus Afghanistan spielte dagegen eine große Rolle, wo sie herstammten, ob aus Kabul oder vom Lande und natürlich auch aus welcher sozialen Schicht.

Und dann gab es Schüler unter den Flüchtlingen, von denen man den deutlichen Eindruck hatte, dass die Schule ihnen gleichgültig war. Daraus haben sie keinen Hehl gemacht. Auch die Eltern wirkten so, als ob es ihnen eher um Transferleistungen ginge und weniger darum, hier Schutz zu suchen. Drei dieser Schüler tauchten irgendwann einfach nicht mehr in der Schule auf. Anfangs konnten wir ihnen noch hinterhertelefonieren – unsere Sozialarbeiterinnen riefen dann in den Flüchtlingsheimen an, um sich zu erkundigen, wo sie denn blieben. Irgendwann teilte man uns dort mit, zwei der Familien seien weg. Unsere beiden Schüler damit auch. Niemand wusste, wohin sie gezogen waren. Auch das Landeseinwohnermeldeamt konnte uns nicht weiterhelfen. Die waren offenbar abgetaucht, obwohl sie schulpflichtige Kinder hatten.

Wir beschlossen, die Schüler trotzdem in unserer Datei weiterzuführen. So als seien sie noch bei uns. Womöglich würde sich eine andere Schule melden, irgendwo aus Deutschland, und die Schulakten anfordern. So läuft es normalerweise bei Schulwechseln. Da wird von der Schulleitung abgezeichnet und an die nächste Schule übergeben. Alles soll seine Ordnung haben. Hätten wir die Schüler aus unserer Datei gelöscht, wären sie ganz verschwunden. Wir wollten aber, dass sie auffindbar bleiben – zumindest ihre letzte Station. Sie liefen also als «Geisterschüler» bis zur zehnten Klasse mit, machten aber natürlich keinen Abschluss – weder die Berufsbildungsreife noch den Mittleren Schulabschluss.

Die vielen Schulversäumnisanzeigen erreichten die Familie des dritten Schülers zwar noch, aber das zeigte keinerlei Wirkung. Er war immer sporadischer in der Schule aufgetaucht, irgendwann kam er nur noch zu seinem Förderunterricht Deutsch, dann gar nicht mehr. Bei uns liegen noch alle seine Zeugnisse der neunten und zehnten Klasse, die er nie abgeholt hat. Nach diesen Herbstferien erreichte mich ein Anruf aus der Schulverwaltung, eine Sachbearbeiterin hatte den jungen Mann vor sich sitzen. Sie wollte jetzt sein Leben weiterorganisieren, irgendeine neue Maßnahme. Einen Schulabschluss hatte er ja nicht. Nun sollten wir zumindest die Zeugnisse nachschicken. Da habe ich zu der Sachbearbeiterin freundlich gesagt: «Finden Sie nicht, er sollte sich mal selbst in Bewegung setzen und die Zeugnisse hier abholen? Anstatt dass Sie ihm alles abnehmen?» Dieser frühere Schüler, um den wir uns bemüht hatten, wird jetzt weitergereicht von einer Stelle zur anderen. Nie sagt einer: Junge, übernimm mal Verantwortung für dein Handeln. Es ist ein fatales Signal, das wir damit als Gesellschaft aussenden. Nämlich: Egal was kommt, ich brauche mich nicht zu bemühen.

Diese drei Nichtabsolventen haben für uns Folgen. Unsere Quote von Schülern ohne Schulabschluss erhöhte sich durch sie zuletzt um drei Prozent. Unschön, aber auch nicht wirklich dramatisch. Nächstes Schuljahr wird es wieder anders. Bitterer ist es für diese drei, denn sie bleiben wohl ohne Schulabschluss. Ihre Eltern bekamen nie Sanktionen dafür zu spüren, dass sie den Nachwuchs der Schulpflicht entzogen. Damit wurde ihren Kindern auf lange Sicht die Chance verbaut, selbstbestimmt zu leben. Wir als Schule alleine konnten das mit unseren Mitteln nicht mehr verhindern, da hätten auch andere Institutionen ihre Verantwortung wahrnehmen müssen.

Wechselhafte Dominanzkultur

Wir sind in einer Schule eine kleine, vielfältige Gemeinschaft, die einige Jahre zusammen verbringt. Regeln helfen einer Gemeinschaft, mit all ihren Spannungen nicht auseinanderzufallen, mit ihren Minderheiten und Mehrheiten. Deshalb bin ich sicher: Wir haben alles, was wir brauchen, um unseren Schulalltag gut zu gestalten. Wir müssen nur handeln.

Und manchmal ist die Minderheit nicht dort, wo man sie erwartet. In meiner zweiten Kreuzberger Schule, irgendwann um das Jahr 2000, meldeten sich zeitgleich für die siebte Klasse zwei bildhübsche Mädchen mit langen blonden Haaren an. Allein schon ihr erster Gang über den Schulhof löste eine kleine Revolution unter unseren männlichen Schülern aus. Deutsche Schüler, ohne irgendeine Migrationswurzel, waren an Kreuzberger Haupt- und Realschulen zunehmend eine Seltenheit geworden. Unvergesslich, wie mir der Schulleiter einer Nachbarschule einmal sein Leid klagte – er sei froh, wenn seine letzten vier deutschen Schüler endlich weg seien. Diese Zehntklässler bereiteten nur Probleme, ständig lungerten sie in der Pause verängstigt vor dem Schulsekretariat herum. «Kartoffeln», «Opfer», «Schweinefleischfresser». Ein Berliner Jugendhilfeträger, der einen aktuellen Ratgeber für «Konflikte im Klassenzimmer» verfasst hat, formuliert zu genau solchen Fällen einer möglichen «Deutschenfeindlichkeit» in unseren Schulen, die der Träger selbst als «paradox» bezeichnet, weil ja viele muslimische Schüler inzwischen auch den deutschen Pass haben, Deutsche sind. «Von Rassismus kann hier zwar nicht die Rede sein, denn die so Beleidigten sind und bleiben Angehörige der Dominanzkultur», heißt es allerdings im Ratgeber. Die muslimischen Jugendlichen arbeiteten nur den Alltagsrassismus, den sie selbst täglich erleben müssten, an ihren «deutschen» Mitschülern ab. Das ist womöglich so, aber es rechtfertigt ein falsches Verhalten nicht. Die Wahrheit ist ganz einfach: Kein Schüler hat das Recht, einen anderen zu drangsalieren. Erlebnisse der Ausgrenzung, Traumatisierung oder ein schwieriges Elternhaus dürfen keine Entschuldigung für Mobbing oder irgendeine Form von Diskriminierung sein: ob antisemitisch, muslimfeindlich oder deutschenfeindlich.

Zurück zu den beiden Schülerinnen. Wir haben uns damals als Kollegium zusammengesetzt und gesagt: Wir sorgen dafür, dass diese Mädchen ganz normal unsere

Schule besuchen können und wir sie bis zum Abschluss bringen. Das ist unser erklärtes Ziel – und es war erzieherisch tatsächlich eine ziemliche Herausforderung. Zum Glück waren die beiden als echte Berlinerinnen nicht auf den Mund gefallen. Aber wir mussten schon einige klärende Gespräche mit ihren Mitschülern führen. Das haben wir getan. Denn es kann nicht sein, dass solche Mädchen nicht unbehelligt bis zum Schluss eine Schule besuchen können.

Und das gilt für alle Mädchen – egal, wie sie gekleidet sind. Ob mit Kopftuch oder bauchfrei. Kein Mitschüler hat ein Recht, sie abzuwerten. Und erwischen wir einen Schüler dabei, wie er über eine Mitschülerin abfällig redet, sie womöglich eine Schlampe nennt oder andere respektlose Dinge, weil sie etwas trägt, das ihr gefällt, das er aber für zu freizügig hält oder, im Gegenteil, für rückständig religiös, dann sanktionieren wir das. Und zwar so lange, bis er es versteht. Das ist unser Anspruch. In der Schule und in der Gesellschaft.

Was ist richtig?

Nun sitzen wir beide wieder am alten Arbeitstisch in meinem Amtszimmer – ich bin immer noch Schulleiter, er, mein ehemaliger Schüler, studiert inzwischen auf Lehramt. Fünfzehn Jahre ist es her, dass wir uns zum ersten Mal begegnet sind, im Winter 2005, das zweite Schulhalbjahr hatte gerade begonnen. Wir waren beide neu an der Friedrich-Bergius-Oberschule, die damals noch eine Realschule war. Ich hatte den Posten übernommen, den keiner so recht wollte. Wie Sauerbier war er von der Schulverwaltung angeboten worden.

Kein Wunder, der Ruf der Bergius-Schule war denkbar schlecht, einmal in der Woche kam es zu einer Massenschlägerei unter Schülern am nahegelegenen S-Bahnhof. Unser Lehramtsstudent von heute musste damals als Siebtklässler kurzfristig das Gymnasium verlassen, weil er dort das Probehalbjahr nicht bestanden hatte. Er grinst, wenn er daran zurückdenkt, und zuckt mit den Schultern: «Ich war zu lustig und nicht sehr konzentriert.» Deshalb reichten seine Noten dort bald nicht mehr, um durchzukommen.

Solche Rückläufer aus dem Gymnasium sind für die Schulverwaltung immer eine Herausforderung. Wo sie unterbringen? Aber an der Friedrich-Bergius-Realschule gab es noch Platz, denn da wollte zu dieser Zeit kaum jemand freiwillig hin. Für hundertsechzehn Schulplätze kamen lediglich achtunddreißig Anmeldungen zusammen. Die Schule stand vor der Schließung.

Die Zeiten hatten sich geändert. Im alten West-Berlin hatte es keine Rolle gespielt, ob eine Schule nachgefragt war oder nicht. Geld war nicht so wichtig, Geld war da, wir waren ja als Frontstadt subventioniert. Doch nun schrieben wir das Jahr 2005. Die Mauer war längst gefallen und mit ihr die angenehmen Berlinzulagen. «Berlin ist arm, aber sexy», gab der damalige Regierende Bürgermeister Klaus Wowereit 2003 als Parole aus. Viele Schulen der Stadt standen nun auf dem Prüfstand, fast zweihundert wurden im Laufe dieser Jahre geschlossen.

Angezählt

Nach gut hundert Jahren ihrer Existenz hätte die Friedrich-Bergius-Schule, die einst Friedenauer Gymnasium hieß, dieses Schicksal fast auch ereilt. Allein das denkmalgeschützte Gebäude verhinderte den radikalen Schritt – unsere Schule ist derart eindeutig als wilhelminisches Schulschloss entworfen, gebaut und definiert, dass man ihren Charakter und Zweck nur schwer verändern kann. Bei ihrer Schließung hätte womöglich ein langer, teurer Leerstand gedroht. Der Bezirk war also trotz knapper Kassen daran interessiert, die Schule zu erhalten. Allerdings musste sie irgendwie funktionieren, das tat sie so gar nicht – die Schulleitung war schon länger unbesetzt.

Als ich mich als einziger Kandidat in der Schulkonferenz vorstellte, geriet der Empfang kühl. Obwohl es offensichtlich große Probleme im Schulalltag gab – ein Drittel des Kollegiums erschien überhaupt nicht mehr zum Unterricht und hatte sich dauerkrank gemeldet –, gab es eine Gruppe von Lehrern, die sich die Schule quasi gekapert hatte. Mit kleinen Privilegien erleichterte sie sich ihren Arbeitsalltag. Eine Lehrerin etwa nahm es sich heraus, nur in solchen Klassen Vertretungsunterricht zu erteilen, die sie kannte. Für alle anderen Schüler fühlte sie sich nicht zuständig.

Von solchen «Exklusivpädagogen» hatten wir einige – und ausgerechnet diese Lehrer saßen nun in der Schulkonferenz, um mich zu begutachten. Einer von ihnen stand auf und sagte in unüberhörbar spitzem Ton: «Was, bitte, wollen Sie an unserer schönen Schule eigentlich ändern?» Ich hatte schon mit Widerstand gegen den Neuen gerechnet, also formulierte ich sehr vorsichtig und mit vielen Konjunktiven: «Ich könnte mir vorstellen, dass wir eventuell im Bereich der Gewaltprävention etwas aktiver würden.» Wie schon gesagt, Schlägereien waren an der Tagesordnung – in und außerhalb der Schule.

Da sprangen besagte Lehrer wie von der Tarantel gestochen auf. «Sie beleidigen unsere Schule! Wir haben gar keine Gewalt!» Die Reaktion war so empfindlich, dass spätestens jetzt klar war: Das wird ein Kernthema, auch wenn es offenbar keiner offen ausgesprochen hören wollte. Wie absurd die Realitätsverleugnung war, erlebte ich allzu bald.

Im Januar trat ich meinen neuen Posten als Rektor an,

eine Woche später fand der «Tag der offenen Tür» statt. Eigentlich ist das die Werbeveranstaltung einer Schule, mit der sie neue Schüler und Eltern überzeugen will: Wechselt zu uns! Das gelang uns an diesem frühen Abend ganz sicher nicht. Wer ihn erlebte, nahm Reißaus. Denn vor allen Gästen geriet eine Gruppe unserer Schüler in einen lautstarken Streit, mitten auf den Stufen des herrschaftlichen Schultreppenhauses schlugen sie einander blutig. Die Situation eskalierte völlig, die Grundschuleltern, unsere Besucher also, riefen die Polizei herbei. Ich sehe mich noch vor dem prächtigen Schulportal stehen, und aus allen Richtungen rasen Einsatzwagen mit blinkenden Lichtern auf die Schule zu. Aber wir hatten natürlich kein Problem mit Gewalt bei uns, klar.

Als Erstes suspendierte ich die Schüler, die aufeinander losgegangen waren. Und ich ging einen Schritt weiter: Ich zeigte die beiden Haupttäter, die sich krankenhausreif geprügelt hatten, bei der Polizei wegen Körperverletzung an. Diesen Schritt einer Strafanzeige war vorher noch nie jemand aus der Schulleitung gegangen, obwohl es auch zuvor solche schweren Vorfälle gegeben hatte. Für alle Schüler sichtbar hängte ich einen Zettel ans Schwarze Brett im Schulflur: «Die Schüler, die sich am Tag der offenen Tür im Treppenhaus geprügelt haben, wurden vom Schulleiter für zwei Wochen vom Unterricht suspendiert. Gegen zwei der Schüler hat die Schulleitung bei der Polizei Anzeige erstattet.»

Wenn man Zeichen setzt, ist es wichtig, transparent und begründet vorzugehen. Die Grenzen, die man setzen will, müssen für alle sichtbar werden, nur so lässt sich etwas verändern. Hinterzimmerpolitik hilft nicht weiter. Die Reaktion ließ nicht lange auf sich warten. Wutentbrannt stand am nächsten Tag der Vater eines der Haupttäter bei mir im Büro. Sein Sohn hätte gar nicht anders handeln können, erklärte er mir. Der andere habe ihn provoziert, habe ihm «Ich ficke deine Mutter» an den Kopf geworfen. Da habe der Junge doch reagieren müssen, das könne er schließlich nicht auf sich sitzenlassen. Sein Sohn sei also unschuldig, ich solle die Anzeige sofort zurückziehen und ihn wieder in den Unterricht lassen.

Ich habe ihm dann erklärt, dass niemand das Recht hat, einen anderen zu verprügeln, unter keinen Umständen. Es sei völlig egal, was vorher gesagt wurde. Weder würde ich die Anzeige zurückziehen noch seinen Sohn vorzeitig zurückkehren lassen. Fluchend stürmte der Vater aus dem Gebäude. Das sprach sich herum.

«Daran kann ich mich gar nicht erinnern», wundert sich mein Gast, der siebenundzwanzigjährige Lehramtsstudent und ehemalige Schüler. Diesen Tag der offenen Tür damals habe er als kleiner Siebtklässler, erst ein paar Tage auf der Schule, nicht besucht. In seiner Erinnerung erlebte er die Zeit bei uns ganz anders. «Es war immer eine schöne Atmosphäre in der Schule. Mir hat es viel Spaß gemacht.» Er sei im Chor gewesen und habe sogar einmal die Talentshow moderiert. «Ich bin gut mit allen Schülern zurechtgekommen, mit allen Lehrern auch.»

Er habe sich wohl gefühlt auf der «Bergius» und ihren chaotischen, gewalterfüllten Zustand zuvor gar nicht mehr richtig mitbekommen – umso bewusster aber die neue Zeit mit unseren Regeln. «Ich persönlich fand das immer gut und habe viel für mich mitgenommen.» Er fand es gut, dass nun etwa auf Pünktlichkeit geachtet wurde. Das sei ihm bis heute wichtig. Als er nach seinem guten Realschulabschluss bei uns dann wieder auf ein Gymnasium wechselte – im zweiten Anlauf also –, da sei er anfangs schockiert gewesen. Am ersten Tag traf er extra überpünktlich dort ein und fand sich allein im Klassenraum wieder. Nach und nach erst, mit dreißig Minuten Verspätung, seien die Schüler eingetroffen, der Lehrer habe alle einfach müde durchgewunken. Unser Schüler wunderte sich. «Oh Gott, was passiert hier? Hier wird kein Exempel statuiert? Warum putzt der Junge nicht?»

Tatsächlich ist es erstaunlich, wie schnell wir damals einen «Turnaround», wie es heute in der Managersprache heißt, geschafft haben. Sicherlich auch, weil großer Zeitdruck da war. Drei Jahre hatte mir die Schulverwaltung zugestanden, um die Bergius wieder auf einen guten Weg zu bringen. Ansonsten sei endgültig Schluss. Es blieb also kein Raum für lange Studientage und viele Fachkonferenzen, wir mussten schnell handeln. Und der Gewaltexzess am Tag der offenen Tür hatte überdeutlich gezeigt: Es musste sich dringend etwas ändern. Viele Lehrerinnen und Lehrer hatten schon ihren ausgefüllten Versetzungsantrag in der Schublade. Sie waren nicht mehr lange bereit, unter diesen Bedingungen an der Schule weiterzuarbeiten.

Durchgreifen und ansprechbar bleiben

Wir mussten uns als Schulgemeinschaft fragen: Was sind unsere größten Probleme? Wo müssen wir sofort handeln? Das war einmal die Gewalt. Gewalt ist am Ende auch nichts anderes als eine Regelübertretung – hier konnte man also gut und erfolgversprechend mit Sanktionen bis hin zur Suspendierung oder der Androhung eines Schulverweises arbeiten. Das zweite große Problem war die Schuldistanz und das Zuspätkommen vieler Schüler. Gleich zu Beginn unterschrieb ich die Zwischenzeugnisse der Neuntklässler. Da fanden sich massenweise Vermerke: fünfundzwanzig Tage unentschuldigt gefehlt, dreißig Tage, fünfunddreißig Tage. In nur einem Halbjahr! Und die Zahlen in der Kategorie «Verspätungen» waren noch irrer.

Beides gingen wir sofort an, und zwar deutlich sichtbar, ganz praktisch und mit klar definierten Folgen bei Nichtbeachtung. Es waren die einfachen, aber wirksamen Maßnahmen, die ich im Ansatz schon aus meiner früheren Schule kannte: Der äußere Türgriff der großen Schultür wurde abmontiert, ab sofort kamen der Klingel, der Gegensprechanlage und dem Buzzer eine zentrale Funktion zu. Wer zu spät kam, klingelte ab jetzt, meldete sich im Sekretariat und trug sich in eine Liste ein. Neu war aber, dass wir Putzzeug, Eimer und Müllzangen für gemeinnützige Tätigkeiten im Sinne der Schulgemeinschaft anschaffen. Niemand sollte mehr verspätet in den Unterricht schlurfen. Dann erklärten wir den Schülern die neuen Regeln. Jeder wusste nun Bescheid, was passierte, wenn er zu spät kam. Die Zeit des großen Egal – an dieser Schule war sie vorbei, darauf konnte sich nun jeder einstellen und verlassen.

Auch die Eltern holten wir ins Boot. Sie wurden nach der zweiten Verspätung per Vordruck brieflich informiert. «Verspätung Ihres Kindes» oder «Erneute Verspätung Ihres Kindes». Wir bezogen sie in unsere Arbeit mit ein: «Bitte wirken Sie auf Ihr Kind ein, damit es künftig pünktlich zum Unterricht erscheint. Verspätungen auf den Zeugnissen mindern erheblich die Chancen bei Bewerbung um einen Ausbildungs- und Arbeitsplatz. Für Rückfragen und Gespräche bin ich jederzeit bereit. Sie können sich aber selbstverständlich auch an meine Kolleginnen und Kollegen und die Sozialarbeiterinnen und Sozialarbeiter in unserer Schule wenden.»

Die Eltern müssen immer eine Chance haben, sich mit der Schule in Verbindung zu setzen. Wir als Schule brauchen die Mithilfe der Eltern. Dafür muss man aber auch bereit sein, bei Nachfragen jeden einzelnen Schritt, den man geht, zu erläutern.

«Herr Rudolph, Sie führen so viele Gespräche», sagte mir ganz zu Beginn an der Friedrich-Bergius-Schule eine Lehrerin. «Halten Sie das denn wirklich für notwendig?» Diese Frage war aufschlussreich. Es stellte sich heraus, dass Eltern vorher regelrecht abgewiesen worden waren. Rief jemand an, meist um sich zu beschweren, ließ die Schulleitung sich verleugnen. Die Sekretärin hatte die Anweisung, niemanden durchzustellen. Sie hatte irgendwann eine Technik entwickelt, den Hörer maximal weit vom Ohr wegzuhalten, wenn auf der anderen Seite das Gebrüll losging. Viele Eltern waren einfach verzweifelt, sie fanden keinen Ansprechpartner in unserer Schule, weil die Verantwortlichen abtauchten.

Gegen die Schulschwänzerei gingen wir besonders intensiv vor. Haben Schulen mit hohen Quoten von Schulabbrechern zu kämpfen, haben sie es fast immer auch mit einer großen Gruppe schuldistanzierter Schüler zu tun. Es ist ganz einfach – niemand kann einen Abschluss machen, wenn er vorher nicht regelmäßig zur Schule geht. Anwesenheit ist die Grundlage von Bildung. Tauchte also eine Schülerin oder ein Schüler nicht in der Schule auf, und es war keine Krankmeldung erfolgt, reagierten wir sofort. Wir riefen bei den Eltern, bei Mutter oder Vater an. «Warum ist Ihr Kind heute nicht in der Schule?»

Damit konnte sich ein solches Verhalten nicht verfestigen. Es gibt sicherlich einen sehr kleinen Prozentsatz von Härtefällen unter den Schulschwänzern, bei denen ein echtes psychologisches Problem vorliegt. Diesen Kindern muss dann therapeutisch geholfen werden, das können wir nicht leisten. Die meisten Schulschwänzer aber, so ist meine Erfahrung, sind einfach ein bisschen faul und schauen mal, ob sie damit durchkommen. An den Zustand des Nicht-zur-Schule-Gehens kann man sich als Jugendlicher schnell gewöhnen. Das Aufstehen fällt dann immer schwerer.

Der enge Kontakt zu den Eltern

Es wird manchmal unterschätzt, wie wichtig der enge Kontakt mit den Eltern ist. Als Brennpunktschule erhalten wir seit einigen Jahren zusätzliches Geld. Also holte ich eine weitere Sozialpädagogenstelle ins Haus – ausdrücklich für die morgendlichen Telefonate mit den Eltern. «Ein Job, den letztlich jede Telefonistin übernehmen könnte», spottete damals eine Zeitung, die offenbar weder unsere Sorgen noch unsere Ziele begriff. Aber wir als Schule brauchen die Eltern an unserer Seite. Wir wollen nicht gegen sie, sondern mit ihnen arbeiten. Wir sind Verbündete mit einem gemeinsamen Interesse: das Kind voranzubringen.

Nicht immer gelingt uns das. Es ist kurz nach 7.30 Uhr, ein regnerischer Morgen, die erste Stunde hat schon angefangen. Auf dem Stuhl des Sekretariats sitzt ein Siebtklässler, er ist seit etwa zwei Monaten bei uns, seit dem neuen Schuljahr. Ein ganz normaler Zwölfjähriger, noch nicht sehr groß; etwas schüchtern hockt er auf seinem Stuhl und wünscht verzagt einen «Guten Morgen». So richtig wohl fühlt er sich nicht in seiner Haut, das merkt man.

Gleich wird ihn eine unserer Sozialpädagoginnen abholen und mit ihm zum Polizeirevier gehen. Der Siebtklässler ist kurz vor den Herbstferien mit einem größeren Messer bei einer anderen Schule in der Nähe aufgetaucht, hat dort damit angegeben, es herumgezeigt und wurde dabei erwischt. Das Messer hat man ihm abgenommen, wir wurden informiert. Jetzt reagieren wir. Denn ein Messer in die Schule mitzubringen, überschreitet jede Grenze. Das muss ein absolutes Tabu sein.

Eine unserer Maßnahmen ist, dass dieser Schüler, begleitet von der Sozialpädagogin, von der lokalen Kontaktbereichsbeamtin, mit der wir eng zusammenarbeiten, eine klare Ansage bekommt – und zwar auf der Polizeistation. Ein ernstes Messer zieht eine ernste Warnung nach sich, und zwar nicht bloß eine pädagogische, sondern eine amtliche. Damit er kapiert, dass er da momentan auf einem ganz gefährlichen Weg unterwegs ist.

Auch die Eltern hatten wir zu dem Termin auf der Wache eingeladen, damit sie ihren Sohn begleiten. Mutter, Vater, wer immer kann und sich zuständig fühlt. Sie hätten beide kommen können oder nur einer von ihnen, ganz wie sie wollten. Aber wir haben deutlich gemacht, dass wir es gut fänden, wenn jemand von zu Hause unserem Schüler zur Seite steht, weil es eine zu schwere Last ist für einen Zwölfjährigen, so einen Besuch auf dem Polizeirevier alleine zu schultern. Die Eltern sind dafür da, ihn zu erziehen, aber auch dazu, ihn in den Arm zu nehmen und dem Kind klarzumachen, dass es nicht allein ist: Wir finden da einen Weg raus, und: Das war jetzt großer Mist, den du verbockt hast – trotzdem stehe ich zu dir, und das Leben geht weiter. Hauptsache, du änderst ab jetzt dein Verhalten.

Natürlich ist es nicht angenehm, als Mutter oder Vater im Polizeirevier zu sitzen und sich die Strafpredigt für den Sohn anzuhören. Wir alle wünschen uns Kinder, bei denen es immer rundläuft. Aber wer Heranwachsende zu Hause hat, weiß, dass es nicht immer alles klappt. Und gerade dann muss man als Eltern oder als der oder die Alleinerziehende für die Kinder da sein. Doch in diesem Fall tauchte niemand auf im Polizeirevier, kein Vater, keine Mutter. Es schmerzt, so etwas zu erleben. Es hatte noch nicht mal jemand aus dem Elternhaus abgesagt.

Gerade wenn die Struktur zu Hause fehlt, wird die Struktur in der Schule umso wichtiger. Wo wir etwas bemerken, das aus dem Ruder läuft, handeln wir. Ob der Schüler das Messer nun bei uns auf dem Gelände herausholt oder an einer anderen Schule, spielt keine Rolle. Es ist unser Schüler. Deshalb kümmern wir uns. Und scheuen uns nicht, wie in diesem Fall, Hilfe von außen anzunehmen.

Denn eine Schule steht nicht beziehungslos in ihrem jeweiligen Viertel, in ihrer Stadt. Sie ist im besten Falle vernetzt mit ihrer Umwelt. Zu viele Jahre lang war die Friedrich-Bergius-Schule ein Fremdkörper in dieser bürgerlichen Gegend. Niemand aus der direkten Umgebung meldete sein Kind bei uns an, weil jeder wusste, was hinter unseren Schultüren los war. Da wir sehr verkehrsgünstig liegen – gut erreichbar mit S- und U-Bahn –, kamen von überall her aus der Stadt Schüler, die überhaupt keinen Bezug zu diesem Stadtviertel, zu den Nachbarn hatten.

Der kleine Supermarkt nebenan bekam das bitter zu spüren. Unsere Jugendlichen waren dort regelrecht gefürchtet. Sie benahmen sich schlecht, grölten in den Gängen, drängelten sich an der Kasse vor und klauten. Diese Diebstähle waren ein großes Problem. Wir wollten, dass sich das Klima in der Schule änderte, sodass man respektvoll und gewaltfrei miteinander umging. Das Benehmen in der unmittelbaren Umgebung gehörte dazu. Wir haben schnell Kontakt mit der Geschäftsleitung des Supermarktes geknüpft und deutlich gemacht, dass sie sich an uns wenden könnte.

Sobald also etwas vorfiel, rief die Supermarktleitung uns gleich an, und jemand von der Schulleitung ging hinüber. Danach saßen die entsprechenden Schüler dann bei mir im Büro. Wichtig ist, dass die Schüler sich selbst klarmachen, was an ihrem Verhalten nicht in Ordnung war. Das müssen sie deshalb selber formulieren, und zwar schriftlich. Außerdem sollen sie sich überlegen, wie man es besser macht. Wir reden dann darüber. Erst danach folgt eine Sanktion. Der Supermarkt erlebte nun plötzlich Schüler, die in seinen Rabatten Müll aufsammelten.

Ich will hier kein Idyll malen. Es ist bis heute nicht so, dass unsere Schüler sich immer anständig verhalten. Zuletzt wurde der Händler, der mehrmals in der Woche seinen Stand mit gebratenen Hähnchen vor dem Supermarkt aufbaut, von Siebtklässlern, die neu an der Schule waren, beschimpft und mit Kastanien beworfen. Das kann nicht sein, das darf man ihnen nicht durchgehen lassen. Sonst lernen sie: Das kann sehr wohl so sein, keiner hilft dem Mann, keiner tadelt uns.

Der Herr vom Hähnchenstand kam zu uns und berichtete davon. Wir haben entsprechend gehandelt. Auch unsere neuen Schüler merken schnell, dass Schule und Umgebung eng miteinander verbunden sind, dass wir also beispielsweise von der Besitzerin der Wäscherei erfahren, wenn die Mülltonne umgetreten wurde, der Müll überall herumflog und niemand der Schüler auf dem Nachhauseweg sich verantwortlich fühlte. Sie rannten einfach weg.

Dann finden wir heraus, wer es war, der Betreffende entschuldigt sich bei der Wäschereibesitzerin, und wenn noch was herumliegt, dann räumt er es auf. Das ist kein Drama. Aber die Botschaft ist klar: Es ist nicht alles egal, es gibt Konsequenzen.

Unsere Schülerinnen und Schüler wachsen an solchen

Erlebnissen. Ein Schüler erzählte mir mal, wie es ihn getroffen hat, als er zum ersten Mal zu spät kam. Damals war er in der achten Klasse. Er war nur wenige Minuten verspätet, aber da stand er nun und musste klingeln. Es war Winter, also bekam er vom Hausmeister einen Putzlappen in die Hand gedrückt und wischte im Flur Kacheln ab. So wütend sei er damals auf sich gewesen, so enttäuscht, kurz habe er Tränen in den Augen gehabt. Aber dann habe er gesehen: Danach war es vorbei und abgegolten. Nichts wurde nachgetragen.

Er kam aber auch nie wieder zu spät, weil er einen solchen Moment nicht noch mal durchleben wollte. «Bis heute ist mir Pünktlichkeit wichtig», erzählt er. Die Schuljahre bei uns hätten ihn geprägt. Jetzt studiert er Wirtschaft, der Erste aus seiner Familie, der es an die Universität geschafft hat. Seine Eltern, beide noch in der Türkei geboren, hatten davon immer geträumt. Er habe bei uns gelernt, dass man auch mal durchhängen dürfe, dass es nicht immer glattläuft. Frustration gehört zum Leben dazu. Aber dass es sich lohnt, sich durchzubeißen. Und dass wir Erwachsenen – die Lehrerinnen und Lehrer, die Sozialpädagogen – an seiner Seite stehen, um ihn auf seinem Weg zu unterstützen.

Autorität sein, aber nicht autoritär

Es wird heute gern gesagt, man solle einer Schülerin oder einem Schüler «auf Augenhöhe» begegnen. Nur dann komme man wirklich miteinander ins Gespräch, offen und zugewandt. Es wird abfällig von einer Asymmetrie des traditionellen Lehrer-Schüler-Verhältnisses gesprochen. Das halte ich für falsch. Man muss die Schüler als Person respektieren, das ist selbstverständlich, man darf sie nicht abstempeln und niemals aufgeben. Dem versuchen wir gerecht zu werden, auch ganz praktisch: Wenn jemand neu zu uns kommt, schauen wir anfangs nicht in seine Schulakte. Wir wollen gar nicht wissen, was vorher war. Jeder hat bei uns einen frischen Start verdient. Und wenn er dann bei uns etwas angestellt hat, nach jedem Vorfall, selbst wenn es eine Suspendierung war, stellen wir die Uhr wieder auf null. Es wird nichts nachgetragen, das ist ganz wichtig.

Wir wollen mit den Schülern im Gespräch bleiben, freundlich und vernünftig, ihnen gut zuhören. Aber wir haben dabei unterschiedliche Rollen. Ich bin der Lehrer oder der Schulleiter, und mir gegenüber sitzt ein Heranwachsender, der noch dabei ist, sich im Leben zurechtzufinden. Ich bin also, hoffentlich im besten Sinne, eine Autorität. Genauso wie die anderen Lehrerinnen und Lehrer, die Sozialpädagogen, die Sekretärin, der Hausmeister. Das zu leugnen, ist nicht progressiv, es ist bloß bequem, es ist eine Flucht aus der Verantwortung, die wir als Pädagogen nun einmal haben.

Natürlich hat jede Schülerin, jeder Schüler eine andere Geschichte. Aber wenn es um Regelübertretungen geht, dann gleichen sich Auslöser und Motivation oft. Auf Augenhöhe mit dem Schüler zu sein, hieße ja, ich durchlebe die Situation zum ersten Mal. Das ist – anders als für die Schülerin oder den Schüler – natürlich nicht so. Ich bin tatsächlich Lehrender, nicht Lernender. Der Lernende ist meine Schülerin oder mein Schüler. Das heißt aber nicht, dass ich Situationen nicht auch einmal falsch einschätze, Fehler mache. Dann stehe ich dazu, werde das auch Schülern oder Eltern gegenüber einräumen. Lebendigkeit und die Bereitschaft, dazuzulernen, tut guter Autorität keinen Abbruch. Im Gegenteil – es lässt sie eben nicht in einem Habitus erstarren. Autorität zu haben heißt eben nicht, autoritär zu sein.

Gerade jüngere Kollegen tun sich zunehmend schwer damit, ihre Rolle als gute, zugewandte Autorität zu akzeptieren und zu leben. Denn in der Lehrerbildung wird der Beruf immer weiter gefasst, wird das Lehrerbild dadurch unschärfer. Das liegt an einem «Perspektivenwechsel», wie es beispielsweise beim Landesinstitut für Lehrerausbildung in Hamburg heißt. Ein Arbeitspapier von dort formuliert es so: «Heute wird Unterricht im Wesentlichen aus der Perspektive des lernenden Subjekts gedacht.» Also aus Sicht des Schülers. Der Unterricht müsse jeweils auf den Einzelnen zugeschnitten werden, ihn zum «eigenverantwortlichen und selbstorganisierten» Lernen motivieren. «Diese Perspektive versetzt die Lehrerin bzw. den Lehrer stärker in die Rolle einer Lernbegleiterin bzw. eines Lernbegleiters.»

Bloße Lernbegleiter also sollen wir werden? Lehrerinnen und Lehrer werden degradiert zu Servicekräften der Bildung. Dürfte ich ein Häppchen Kompetenz anbieten? Und ist der Wissenshappen zu groß, schneiden wir ihn einfach noch kleiner. Wir senken unsere Ansprüche, vereinfachen die Abschlüsse, schrauben die Forderungen herunter. Kein Problem. Hauptsache, unsere Schülerin und unser Schüler entfaltet sich – was immer das genau heißen mag.

Theorie und Wirklichkeit

Schöne neue Lehrerwelt. Wir sind Inputgeber, Moderator, Lernprozessgestalter, Reiseleiter auf der großen Lernreise und ja, ab und zu auch «Bewerter», aber das möglichst selten. Jetzt endlich werden die Schüler wirklich aktiviert und aus der Finsternis ihres bloßen Schülerdaseins befreit. Es geht darum, «wie der Lerner möglichst selbsttätig lernen und in dieser Selbsttätigkeit unterstützt werden kann». Schluss mit der «Steinzeitpädagogik», die nur unnützes Wissen in träge Schülerhirne stopfte, unappetitlich wie bei der Geflügelmast. Der Titel Lehrerin und Lehrer, heißt es nun, habe Patina angesetzt, und «lehren» sei ein Wort aus der Mottenkiste. Erfüllt von diesen Ideen, kommen unsere Lehramtsstudenten und Referendare aus der Universität zu uns.

Wie auch unser ehemaliger Schüler, der nun auf Lehramt studiert. Sechs Wochen war er nun bei uns, es ist der letzte Tag seines «berufsfelderschließenden Praktikums». So ein Praktikum ist gut, es ist wichtig, früh ein Gefühl dafür zu kriegen, ob man sich den Beruf des Lehrers wirklich vorstellen kann. Denn wer keine Liebe zur Vermittlung hat, keine Empathie für Heranwachsende aufbringt, wird es auf Dauer schwer haben. Wie nervenaufreibend dieser Beruf sein kann, ist inzwischen allgemein bekannt.

Zwar kennen die Lehramtsstudenten den Schulalltag zur Genüge, aber bisher nur aus der Sicht der Schüler, die sie lange Jahre gewesen sind. Nun stehen sie auf der anderen Seite des Klassenzimmers. Nach aller Theorie in den Seminarräumen der Universität folgt nun zum ersten Mal die Begegnung mit der Wirklichkeit. Mein Gast wirkt nachdenklich.

Der Siebenundzwanzigjährige versucht seine Zerrissenheit in Worte zu fassen. So viele Ansprüche lasten heute auf Pädagogen einer Schule. Wir sollen die Leistungen verbessern, aber gleichzeitig uns nicht zu sehr auf den Leistungsgedanken fixieren, weil Schule ja «viel mehr» sei. Es wird erwartet, dass wir unsere Schüler zu mündigen, kritischen, toleranten und demokratischen Bürgern erziehen. Doch kommen sie kurz vom Weg dorthin ab, tun wir uns mit Sanktionen schwer. Sind die überhaupt noch zeitgemäß? «Generell ist Belohnung als positiver Verstärker der Bestrafung und Sanktion vorzuziehen», heißt es im Handbuch für pädagogische Berufseinsteiger von der Berliner Senatsverwaltung für Bildung. Diese Richtung hat auch unseren Lehramtsstudenten bislang im Studium geprägt. Deshalb sieht er nun unsere Arbeit mit klaren Regeln und einem lehrerzentrierten Ansatz mit einer gewissen Distanz. Trotz seiner eigenen positiven Erfahrung damit als Schüler.

«Der Idealist in mir möchte mehr», sagt unser Lehramtsstudent. «Nicht nur funktionierende Schüler, die später arbeiten gehen können. Sondern auch denkende Menschen.» Dieser Ansatz habe ihn in der Universität begeistert. Andererseits habe er völlig unterschätzt, was sich konkret im Klassenzimmer abspiele. «Es ist schon erschreckend, was für Defizite manche Schüler haben.» Das habe er von seiner eigenen Schulzeit so nicht in Erinnerung.

Er habe Schüler erlebt, die sich auch in höheren Jahrgängen noch schwer damit täten, ein Verb richtig zu beugen. «Er hat mich gebetet.» Oder andere, die schon die Aufgabenstellung in Deutsch kaum lesen könnten, geschweige denn sie bearbeiten, denen es schwerfalle, einen vollständigen Satz hinzuschreiben – oft seien es nur Stichworte. Oder Schüler, selbst in der neunten Klasse, die noch willkürlich groß- und kleinschrieben, auch innerhalb eines Wortes: «anFanGen» steht dann dort. Andere könnten dagegen problemlos die Aufgaben lösen, machten begeistert mit. «Man hat das breiteste Spektrum.» Allein das sei unglaublich schwierig.

Und dann noch die Sache mit der Konzentration. Für einige Schüler sei es kaum möglich, sich fünfundvierzig Minuten durchgehend zu konzentrieren. «Die fangen dann an, den Nachbarn abzulenken oder sich irgendwie anders zu beschäftigen – und wenn es nur das Klicken mit dem Kugelschreiber ist.» Rein, raus, klick, klack. Auf Dauer sei das «megaanstrengend». Mit der Zeit breite sich die Unruhe wie eine Welle in der Klasse aus, «bis man die Schüler irgendwie zurück in die Bahn bringen kann». Und zwar indem die Lehrerin oder der Lehrer vorne eine klare Ansage mache. «Mir ist aufgefallen, dass die Schüler hier tendenziell diese Regeln, die klaren Strukturen und auch die Transparenz, die damit einhergeht, brauchen.»

Die ganz einfachen Rituale also. Dass alle aufstehen,

wenn eine Lehrerin oder ein Lehrer den Raum betritt, und man sich erst mal einen «Guten Morgen» wünscht. Dass die Hefter, Stifte und alles andere schon auf dem Tisch liegen und nicht erst lange danach gekramt wird. Dass eine Stunde also gleich losgeht ohne viel Vorgeplänkel. Und dass nur redet, wer sich gemeldet hat, man sich gegenseitig zuhört und ausreden lässt. Ein paar simple Bedingungen, so würde ich es nennen, ohne die ein zivilisierter Umgang miteinander, ohne die erst recht Lernen nicht gelingen kann. Nun wieder mein Besucher: Er habe den Eindruck gewonnen, sagt er, dass es ziemlich schwierig sei, die Schüler «selbstmotiviert und eigenverantwortlich» arbeiten zu lassen. «Es ist schon krass, wie unruhig manche Schüler sind.»

Er sehe ja, wie viele Schüler bei uns am Ende noch Versäumtes aufholten und es schafften, ihre Wissenslücken zu schließen. «Die Resultate stimmen am Schluss.» Er glaube inzwischen, wenn man die Wahl habe, müsse man eher «funktionierende Sachen» machen. Weil sonst zu viele Schüler schlicht scheiterten.

Mit seinen Erfahrungen ist er offenbar nicht allein. Ein universitäres Seminar begleitete sein Praktikum, mehrmals traf man sich in der Zeit in der Hochschule. Die Studenten, die an ganz verschiedenen Schulen der Hauptstadt arbeiteten, berichteten von ihren unterschiedlichen Erlebnissen. Da war das profilierte Gymnasium im heute wieder bürgerlichen östlichen Stadtteil Pankow, auf dem die Schüler fast wie von allein zu lernen schienen. Doch diese Schüler sind meist handverlesen. Nur wer im Übertrittszeugnis eine Eins vor dem Komma und eine niedrige

Ziffer dahinter stehen hat, kann sich nach der Grundschulzeit Hoffnung auf einen Platz dort machen.

Aber da war im totalen Gegensatz dazu die Gemeinschaftsschule tief im Südosten der Stadt, in der die Schüler extrem provozierten und wo kaum Unterricht möglich war. Ja, habe seine Dozentin eingeräumt, das sei schon ein «durchmischtes Bild», das aus der Praxis widergespiegelt werde. Erschüttern ließ sie sich aber davon nicht. Trotz aller «Durchmischtheit», trotz aller derben Erfahrungen aus der Schulwirklichkeit erklärte sie, sei sie der festen Überzeugung, man könne jedem Schüler selbstgesteuertes Lernen vermitteln. Man müsse nur die richtigen Methoden anwenden.

Da habe unser Lehramtsstudent die Hand gehoben und sicherlich auch etwas desillusioniert geklungen. Er habe zu ihr gesagt: «In einer Traumwelt, in der alles glattläuft, kann man alles machen.» Aber in den Schulen vor Ort habe man mit ganz konkreten Problemen zu kämpfen: viel zu große Klassen mit einer beängstigenden Leistungsspanne, Störer, begrenzte Unterrichtszeit, kurze Konzentrationsspannen, Inklusionskinder mit ganz eigenen Herausforderungen. Er habe gemerkt, dass die Schüler, die er konkret während seines Praktikums bei uns erlebt habe, Rituale und Regelhaftigkeit wirklich gebraucht hätten. «Und nun kämpfe ich mit mir selbst», meinte er abschließend.

Diesen Kampf kann und will ich ihm nicht abnehmen. Der Lehramtsnachwuchs, der zu uns kommt, merkt schnell den Unterschied zwischen der hehren Theorie und dem Alltag. Sie können sich hier ausprobieren und vollmundig ankündigen, dass sie es ganz anders machen wollen. Sie erfahren bald, dass sie nicht weiterkommen mit theoretischen, ausgedachten Idealen. Sondern dass unsere Schülerschaft uns eine Struktur vorgibt: Sie ist, wie sie ist, eine andere haben wir nicht. Und es braucht eine gewisse Klarheit, auch eine begründete Strenge und viel Empathie, um hier zu unterrichten.

Wenn jemand mir verkündet, es geht ganz anders, dann höre ich mir das interessiert an. Aber ich sage auch: Schauen wir uns doch bitte genau an, wer da im Klassenraum sitzt. Schulen arbeiten unter sehr unterschiedlichen Bedingungen. Unseren Schülern fehlen oft Grundkenntnisse, wir müssen einiges aufholen – und meist sind ihre Bildungsvoraussetzungen alles andere als ideal. Um diese Lücken zu schließen, hilft es nicht, Formen und Regeln aufzulösen, es hilft nur üben, üben, üben.

Es ist ja nicht so, dass bei uns das Denken ausgeschaltet wird. Natürlich wird die Denkfähigkeit gefördert, vielleicht sogar mehr als in manchem freien Unterricht. Denn in einem ganz selbstbestimmten Unterricht denke ich als Schüler oder Schülerin womöglich die meiste Zeit darüber nach, ob ich nachdenken soll. Ob ich Lust dazu habe. Und womöglich komme ich zum Schluss, dass ich gerade gar keine Lust habe, nachzudenken, und mich lieber mit ganz anderen Dingen beschäftigen möchte. Als Jugendlicher hat man ja eine Menge Interessen, Bildung steht meist nicht an erster Stelle.

Da muss unser mit sich ringender Lehramtsstudent herzhaft lachen. «Stimmt, ich war ja auch nicht so.» Er sei gern bei uns zur Schule gegangen, aber er war natürlich auch immer froh, wenn der Schultag vorüber war und er Freizeit hatte. Danach war es mit dem Lernen meist vorbei. Selbstmotivation? War damals nicht so sein Ding. «Mir persönlich macht es auch heute noch keinen Spaß, wenn ich Defizite habe – Mathe ist beispielsweise nicht meine Stärke.» Und inzwischen müsse er oft den Abiturstoff von damals wiederholen. «Wie rechne ich noch mal Integrale?» Er habe bei uns gelernt, dranzubleiben und sich durchzubeißen. Auch wenn es im ersten Moment keinen Spaß macht. Und ja, selbständig denken könne er auch. Das sei bei uns nicht verkümmert.

«Arbeiten? Ich werde YouTuber!»

Eine Sache gebe ihm aber wirklich zu denken. «Berufsfähigkeit erreichen» sei Teil unseres Schulmottos. Viele Maßnahmen – wie die Betonung von Pünktlichkeit – würden im Hinblick auf eine zukünftige Ausbildung begründet. «Stell dir vor, du kommst immer zu spät zur Arbeit. Was passiert dann? Genau, du wirst gekündigt.» So habe ich als Schulleiter damals geredet, so rede ich noch heute mit den Schülern. Bei ihm habe das vor fünfzehn Jahren Eindruck gemacht. «Ich wollte damals Astronaut werden und danach Feuerwehrmann. Andere hatten den Traum, Tierärztin zu werden oder Staatsanwältin.» Alles große Fußstapfen, in die die Schüler treten wollten – und die ohne gute Bildung völlig illusionär blieben.

Dann berichtete er, was heutige Siebtklässler als Berufswunsch aufzählten. Influencer, YouTuber, Fußballer, Model, Rapper. «Alles Berufe, die theoretisch fernab von Schule passieren können. Für die man keinen Abschluss braucht.» Was die Eltern beruflich machten, die Verwandten, sei kaum mehr ein Vorbild – die Vorbilder lieferten nun die sozialen Medien. Diese kleinen Geräte mit Touchscreen und Dauerverbindung zum Internet seien unfassbar prägend. «Die leben halt in ihrer Traumblase.» In der Illusion, es sei überhaupt nicht wichtig, wie sie die Schule verlassen. Man sitze die Zeit ab, manche schrieben nur Sechsen. Egal, wird schon. «Hauptsache, ein paar coole Videos auf Instagram.»

Wir merken auch, wie diese digitalen Einflüsse an die Schüler herankommen, sie prägen. Diese Erfahrung teilen wir mit vielen Eltern, die in der Erziehung damit Probleme haben. Umso wichtiger ist es, den Schülern etwas anderes vorzuleben – den Wert von Bildung, von Wissen, von Leistung. Es mag ja einzelne Influencer geben, die viel Geld mit ihren Beiträgen machen – aber Tausende andere verdienen keinen Cent. Der Erfolg ist ähnlich wahrscheinlich wie für die, die Fußballprofi werden wollen.

Wir wollen diese Träume der Jugendlichen nicht zerstören, aber es ist unsere Aufgabe als Schule, sie an die Realität des Lebens heranzuführen. Sie werden auf Dauer Leistung bringen müssen, wenn sie ein eigenständiges Leben führen wollen.

Oft helfen Betriebspraktika, um ein Gefühl dafür zu bekommen, wie hart viele Menschen dafür arbeiten, um ihren Lebensunterhalt zu bestreiten. Diese Praktika suchen sich unsere Schüler in der neunten Klasse selbst. Spätestens dann merken sie: Es gibt noch ein anderes

Leben. Und das ist deutlich fordernder als die Schule. Wichtig ist, dass unsere Schüler dann die drei Wochen dort durchhalten – selbst wenn es ihnen nicht immer gefällt. Fast alle schaffen das, weil sie bis dahin bei uns gelernt haben, dranzubleiben und sich durchzubeißen. Es ist natürlich in Ordnung, wenn man als junger Mensch Träume hat. Aber auch dann sollten sie lesen, schreiben und rechnen können, damit sie etwas haben, falls die Traumblase platzt.

«Unser Leben währet siebzig Jahre, und wenn's hoch kommt, so sind's achtzig Jahre, und wenn's köstlich gewesen ist, so ist's Mühe und Arbeit gewesen; denn es fährt schnell dahin, als flögen wir davon.» Der Psalm 90 gehört zu unseren historischen Leitbildern, er hängt bei uns an der Wand. In der Zeit der schnellen Klicks und bunten Dauerablenkung, ihren Filmchen, in denen junge Menschen irgendwo an einem begehrten fernen Reiseziel posieren – alles angeblich für umme, wie es in der Umgangssprache heißt – und erzählen, wie locker ihr Dasein sei, ein befremdend ernster Psalm. «Chill mal dein Leben. Nerv mich nicht, Digga», heißt eine populäre Zeile im Deutschrap. Dazu ein passendes Video der Rapper, die in Strandnähe im Pool an der Villa rumhängen.

Keiner unserer Schüler wird so ein rundum sorgloses Leben haben. Und wenn doch einer darunter sein sollte, dem das gelingt: herzlichen Glückwunsch! Wir sind aber für die 99,9 Prozent da, nicht für den einen Glückspilz, falls es ihn denn jemals gibt. Wir sind dazu da, ihnen Chancen zu öffnen, ihnen eine Basis zu geben, die trägt – die ein Leben lang hält.

Miteinander

«Spiel nicht mit den Schmuddelkindern, sing nicht ihre Lieder. Geh doch in die Oberstadt, machs wie deine Brüder», sang einst der Liedermacher Franz-Josef Degenhardt. Es ist die Geschichte eines Bürgersohns, den es zu den Arbeiterkindern hinzieht – bei den Kaninchenställen treffen die sich, es werden zotige Witze gerissen und derbe Lieder gesungen. Bis der Junge in die Oberschule geschickt wird, weit weg von den Arbeiterkindern. «Sie kämmten ihm die Haare und die krause Sprache glatt.» Er wird entfremdet von dem so anderen, aber gleichzeitig anziehend lebendigen Unterschichtmilieu. Und auch die Arbeiterkinder merken nun, dass er keiner von ihnen ist. Traut er sich dennoch zu den Kaninchenställen, verhöhnen sie ihn. Das Lied nimmt kein gutes Ende, verbittert wird der Bürgersohn ein gemeiner Kapitalist, der auf dem Höhepunkt seiner Macht Kaninchenställe abreißt.

Hätte man die Kinder doch nicht voneinander getrennt, so die Moral von der Geschichte. Wären sie zusammengeblieben, womöglich gar auf einer Schule, wären sie in der Lage gewesen, sich gegenseitig positiv zu beeinflussen. Der Bürgersohn, der das rohe Leben ohne Fassade kennenlernt, ohne Falschheit. Und die Arbeiterkinder, die sich vom Bürgersohn etwas von der feinen Lebensart abgucken und so auf lange Sicht etwas kultivierter auftreten. Die Mischung machts.

Das Kastensystem der deutschen Bildung

Und es stimmt ja: Auch heutige Schulen kennen das Problem allzu gut. Da sind Jugendliche mit einer derben, schlichten Alltagssprache, die es kaum schaffen, sich genauer, geschliffener, formal korrekter auszudrücken. Einfach weil der Grundwortschatz vieler Jugendlicher erschreckend klein geworden ist. Und ihnen so neben dem Sprachgefühl auch die Sprache selbst dafür fehlt, um sich angemessen auszudrücken. «Codeswitching» heißt das in der Sprachwissenschaft. In vielen Fächern, keineswegs nur in Deutsch, kann das zum echten Problem werden, wenn Schülern im wahrsten Sinne die Worte fehlen, um einen geraden, durchdachten Gedanken zu formulieren.

Natürlich würde genau diesen Schülerinnen und Schülern ein schulisches Milieu helfen, wo ganz selbstverständlich zwischen Umgangssprache und Hochsprache hin- und hergewechselt wird. Dann könnte man bei Mitschülern erleben, wie die eben noch mit Freunden im Slang gefrotzelt und im nächsten Moment höflich mit der Schulsekretärin geplaudert haben. Lehrerinnen und Lehrer reichen allein als Vorbild kaum aus, es braucht mehr. Es braucht eine Sphäre, in der diese verschiedenen Realitäten, Temperamente und Sprachen vorkommen, erlebt und geübt werden können. Eine Bürgertochter oder einen Sohn aus gutem Hause, die es auch mal zum Kaninchenstall zieht, wie Degenhardt sang, oder heute ins Fitnessstudio, die aber auch mal die anderen mit nach Hause nehmen, wo jedes Kind ein eigenes Zimmer hat, Kunst an den Wänden hängt, Bücher im Regal stehen, die Schwester vielleicht gar ein Instrument spielt und nicht ständig der Fernseher läuft.

Welchen Einfluss das Elternhaus auf die Lernfortschritte der Schüler hat, kann man an der «Bücherfrage» ablesen. 2019 wurden die Drittklässler in Baden-Württemberg im Zuge ihrer VERA-3-Tests im Fach Deutsch gefragt, wie viele Bücher bei ihnen zu Hause in der Wohnung stehen. Es geht um das «kulturelle Kapital» im Hintergrund. Die Antworten waren aufschlussreich. In Elternhäusern, in denen sich laut der Kinder gar keine oder höchstens zehn Bücher befinden, erreichten nur dreiundzwanzig Prozent der Grundschüler beim Lesetest den Regelstandard oder mehr. Siebenundsiebzig Prozent blieben darunter, achtundvierzig Prozent schafften noch nicht mal den Mindeststandard. Stehen dagegen in den Elternhäusern hundert Bücher oder mehr, schaffen rund fünfundsiebzig Prozent den Regelstandard, um die dreißig Prozent von ihnen erreichen sogar den lesenden Optimalstandard. Beide Male also ein Wert über siebzig Prozent – im unteren und im oberen Bereich. Und das nur, weil die häusliche Ausgangslage so unterschiedlich ist.

Es geht um ein Gerechtigkeitsproblem. Wie bringt man Kinder voran, die nicht auf der Sonnenseite des Lebens aufwachsen und damit eine viel schlechtere Ausgangsposition haben? Ein Mittel ist, schon in der Schule Milieus zu mischen, denn das wird später kaum noch geschehen.

Nun lautet ein Vorwurf, die bildungsbürgerlichen Eliten schotteten ihre Kinder von der Stadtwirklichkeit mit ihrer Vielfalt ab und wichen so ihrer gesellschaftlichen Verantwortung aus. Notfalls indem sie ihre Söhne und Töchter an Privatschulen anmelden. «Wer seine Kinder auf staatsferne Schulen schickt, kann sicher sein, dass auch das Volk ferngehalten wird», meint der Schriftsteller Bruno Preisendörfer in seinem Essayband «Das Bildungsprivileg. Warum Chancengleichheit unerwünscht ist». Und weiter: «Man braucht sich keine Sorgen mehr um unterschichtige Klassenkameraden in der Bank nebenan zu machen, von denen die eigenen Kinder verdorben oder vom Lernen abgehalten werden. Auch vor dem Schlechtdeutsch der Fremdlingskinder, von deren Migrationshintergrund immer so artig gesprochen wird, kann man die eigenen behüten.»

Bei der ersten PISA-Studie im Jahr 2000 belegte Deutschland tatsächlich einen einsamen und unrühmlichen Spitzenplatz. Nirgends war der Schulerfolg so stark an die soziale Herkunft gekoppelt wie hierzulande. Die vorzeigedemokratische Bundesrepublik musste sich der bitteren Wahrheit stellen, dass diese Gesellschaft sich eine Art bildungsmäßiges Kastensystem bewahrt hatte, gar nicht so weit entfernt von meiner Schulzeit.

Während die Akademikerkinder weiterhin dank Elternanspruch fast automatisch ins Gymnasium weitergereicht wurden, wechselte der Nachwuchs aus Arbeiter- und Handwerkshaushalten überproportional häufig auf die Realschule. Die schon seit den 80er Jahren schrumpfende Hauptschule dagegen blieb Hauptanlaufstelle für

Schüler, deren Familien von staatlicher Unterstützung lebten oder einen Migrationshintergrund hatten – häufig türkisch, arabisch oder osteuropäisch. Gerecht war das nicht.

«In Deutschland beginnt die Selektion für bestimmte Bildungslaufbahnen – im Gegensatz zu den meisten anderen Bildungssystemen weltweit – schon zu einem frühen Zeitpunkt in der Bildungsbiographie», heißt es ganz aktuell im «Handbuch der Bildungsarmut». Zwanzig Jahre sind seit dem PISA-Schock vergangen, doch viel getan hat sich beim Thema Bildungsgerechtigkeit offenbar nicht. Bestimmte Gruppen, wie der Pädagoge Hartmut Ditton im Handbuch zum Thema der «Mechanismen der Selektion und Exklusion im Schulsystem» schreibt, erführen schon früh eine Ausgrenzung, eine Exklusion. Ein großer Risikofaktor dafür sei die Armut. Familien, in denen beide Eltern oder ein alleinerziehender Elternteil langzeitarbeitslos seien. Unser «differenziertes schulisches System» sei «eigentümlich», weil es «durch häufige Selektionen und eine immer feiner werdende Differenzierung der Bildungswege gekennzeichnet ist».

Dabei folgten dem PISA-Schock in vielen Bundesländern Schulstrukturreformen. Berlin zum Beispiel ging da sehr weit – wir wechselten vom traditionellen dreigliedrigen Schulsystem (Hauptschule, Realschule und Gymnasium) zur Zweigliedrigkeit. Das Gymnasium blieb zwar unangetastet, aber ab 2010 wurden Real- und Hauptschulen zu einer Integrierten Sekundarschule zusammengelegt. Allerdings gibt es bei den Sekundarschulen zwei Kategorien: Sekundarschulen mit Oberstufe – dort können Schüler alle Abschlüsse erwerben, auch das Abitur nach dreizehn Schuljahren. Und Sekundarschulen ohne Oberstufe, wie wir eine sind.

Jetzt, zehn Jahre nach der Reform in Berlin, zeigt sich, dass sich nicht so viel verändert hat wie erwartet. Was so zweigliedrig daherkommt, ist in Wahrheit weiterhin dreigliedrig. Wir, die Sekundarschulen ohne Oberstufe, drohen als Schultyp mehr und mehr wieder in eine ähnliche Rolle wie die abgeschaffte Hauptschule zu verfallen. Nirgends sind in Berlin die Quoten von Schulabbrechern so hoch wie bei den Sekundarschulen ohne Oberstufe, nirgends die Abschlüsse schlechter.

«Eine der bedeutsamsten Abschlusserwartungen ist die substanzielle Verkleinerung der sogenannten Risikogruppe – also der Gruppe jener Jugendlichen, die bis zum Ende der Vollzeitschulpflicht keine Mindeststandards in den Basisqualifikationen erreichen», heißt es hoffnungsvoll in der Studie, die Berlin in die angebliche Zweigliedrigkeit begleitete. Doch diese Gruppe ist keineswegs kleiner geworden, obwohl wir fast ein Jahrzehnt der neuen Schultypen hinter uns haben. Sekundarschulen ohne Oberstufe, die häufig auch zu wenige direkte Anmeldungen haben, drohen zur Restschule zu verkommen. Klingt irgendwie vertraut.

Es ist ein Riesenirrtum zu glauben, dass eine neue Schulstruktur plötzlich alles ändere. Dass man Realschule und Hauptschule zusammenlegt, und herauskommt, oh Wunder, ein Gymnasium. Man kann die Hauptschule abschaffen, das Schild am Eingang abschrauben und das Ganze umbenennen. Geht alles. Was aber bleibt, ist der

Typus des Hauptschülers. Darunter fallen meist zwei große Gruppen: Schüler, die bildungsfern und oft mit wenig Geld aufwachsen. Und Schüler mit Verhaltensproblemen. Manchmal bildet sich auch eine Schnittmenge beider. Diese Schüler sind nicht weniger intelligent, nicht weniger begabt als Schüler aus bürgerlichen Elternhäusern. Doch sie brauchen eine andere Art von Unterstützung.

Die Mischung macht's

Wir haben als Kollegium damals in der Schulreform sehr genau überlegt – welche Stärke wollen wir von welchem Schultyp übernehmen? Als Sekundarschule ohne Oberstufe waren unsere beiden Pfeiler die Real- und die Hauptschule. Den Erziehungsgedanken und den Praxisbezug nahmen wir aus der Hauptschule, den Leistungsgedanken aus der Realschule. Der Leistungsgedanke musste auch deshalb beibehalten und sogar verstärkt werden, damit sich einem wachsenden Teil unserer Schüler die Möglichkeit eröffnet, nach einem guten Abschluss bei uns in einer Oberstufe weiterzumachen und das Fachabitur oder Abitur zu erwerben. Das sind bei uns immer über vierzig Prozent der Schüler, manchmal sogar die Hälfte. Ein sehr guter Wert.

Obwohl wir keine Oberstufe haben, obwohl wir eine Brennpunktschule sind, gibt es jedes Jahr einige Schülerinnen und Schüler, die wir aus Platzgründen ablehnen müssen. Wir sind deshalb so gefragt, weil bei uns gute Abschlüsse gemacht werden. Das ist möglich, weil wir ein buntes Kollegium haben, in das jede und jeder einen anderen Hintergrund einbringt. Hauptschule, Realschule, Polytechnische Oberschule, Gymnasium, aus all diesen Schulformen stammen unsere Lehrer her. Aber unser Erfolg ist auch deshalb möglich, weil wir immer wieder leistungsstarke Schülerinnen und Schüler haben. Die brauchen wir dringend.

Mit «leistungsstark» sind nicht unbedingt die Grundschulnoten gemeint, mit denen sie zu uns kommen. Anders als bei Gymnasien und Sekundarschulen mit Oberstufe liegt unsere Notenhürde eher tief. Wer einen Durchschnitt bis zu 2,9 bei der Anmeldung mitbringt, ist meist ohne Losverfahren qualifiziert. Wichtiger als die Noten ist für uns, dass die Schülerinnen und Schüler von zu Hause Unterstützung erhalten. Das müssen nicht Akademikerhaushalte sein, sondern einfach Eltern, alleinerziehende Mütter oder Väter, die Wert auf Bildung legen. Deren Kinder arbeiten meist gut mit und ziehen andere, die diese Voraussetzung nicht haben, im besten Falle mit.

Jede Schule braucht eine Mischung. Wer nur verhaltensauffällige Schüler in der Klasse sitzen hat, wird es schwer haben. Im Gegenzug muss man aber dafür sorgen, dass die leistungsstärkeren Kinder ein gutes, ein sicheres Lernumfeld haben, um ordentlich arbeiten zu können. Denn meine Erfahrung ist – wenn Gewalt und Chaos an einer Schule die Oberhand gewinnen, dann reagieren alle engagierten Eltern gleich. Wenn das eigene Kind in Bedrängnis gerät, verprügelt wird, ein Messer an die Kehle gehalten kriegt oder Unterricht nicht mehr stattfindet, dann nehmen die, denen Bildung etwas bedeutet oder die sich etwas davon versprechen, ihr Kind von der Schule und verschwinden. Ganz schnell. Egal ob mit oder ohne Migrationshintergrund, egal ob sie als Anwälte arbeiten oder auf einer Putzstelle in einer Zeitarbeitsfirma. Wer wollte es ihnen verdenken? Das ist eine große, mächtige Elternkoalition, die dann fluchtartig den Ausgang sucht.

Kulturschock. Vom Gymnasium in eine andere Welt

Auch wir haben eher wenige Schüler mit bürgerlichem Familienhintergrund. Wenn klassische Bildungsbürgerfamilien bei uns auftauchen, dann hat es meist einen speziellen Grund – es sind Familien von Schülerinnen und Schülern, die irgendwo in ihrer Schulkarriere gestrauchelt sind. Es ist erstaunlich, was für einen Leidensweg Schüler schon in jungen Jahren hinter sich haben können. Wie bei einem unserer Zehntklässler mit einem Namen wie aus einem Schiller-Drama. Eigentlich schien der Weg für ihn vorgezeichnet: Grundschule, Gymnasium, Abitur und dann Studium. Und als Erstklässler legte er auch gleich erfolgreich los. Niemand der Schulanfänger las so gut wie er. Flüssig, ohne abzusetzen, wiederholte er, was die Lehrerin zuvor als Hilfestellung vorgelesen hatte. «Pia ist sieben Jahre alt. Sie hat Geburtstag. Sie hat so lange gewartet. Sie wünscht sich einen Roboter.» Ganz prima, lobte die Lehrerin.

Ein ganzes Schuljahr blieb unbemerkt, dass dieser Schüler nicht vorlas, sondern sich alles vorher Vorgelesene wortwörtlich merken konnte und dann wiedergab. Denn er kämpft bis heute mit einer ausgeprägten Lese-Rechtschreib-Schwäche. Es bilden sich bei ihm nur schwer Leseroutinen im Hirn. Alles dauert damit viel länger, kleine Füllwörter wie «und», «aber», «oder», «auch» müssen jedes Mal neu erlesen werden, bei mehrsilbigen Wörtern springen Anfangs- und Endsilbe schon mal munter durcheinander.

Es gibt Strategien, damit umzugehen, aber für die hatte in der Grundschule niemand Zeit. Besonders nicht am Anfang, als noch jahrgangsübergreifend unterrichtet wurde. Der Junge ging einfach unter. «Ich war entweder überfordert oder unterfordert», erzählt er im Rückblick. Das schulpolitisch gewünschte Zusammenlernen mit Jüngeren und Älteren tut ihm nicht gut, trotzdem «verweilt» er ein Jahr länger in der jahrgangsübergreifenden Eingangsstufe, ein kuscheliges neues Wort für Sitzenbleiben – wohl in der Hoffnung, sein Leseproblem wachse sich irgendwie aus. Erst als er in der vierten Klasse endlich eine feste Lehrerin und eine feste Klassengemeinschaft hat, wird es besser. Und in Fächern wie Mathe und Naturwissenschaften ist er sowieso immer weit vorne.

Also wagte er den Sprung aufs Gymnasium. Alle sind vorher informiert, alle wissen von der «Teilleistungsstörung», wie es heute heißt. Kein Problem, damit können wir umgehen, glaubt der dortige Schulleiter. Die neue Zeit hat sich ja Inklusion auf die Fahne geschrieben. Doch als es konkret wird, in einer vollen Gymnasialklasse mit 32 Schülern, da bleibt für Rücksicht keine Zeit. Schon in den ersten Wochen werden Tests und bald danach Arbeiten geschrieben, man siebt aus. An Gymnasien gibt es ja, anders als bei uns, eine Probezeit. Unser Schüler, damals in der siebten Klasse, kämpft. Bis abends um 23 Uhr sitzt er am Schreibtisch, stellt sich morgens den Wecker auf 5 Uhr, um noch mehr zu lernen, immer verbissener. Die Eltern stehen erschrocken und ratlos daneben – sie wissen, sie haben einen intelligenten Sohn, aber durch sein Handicap fasst er in der neuen Schule nicht Fuß. Am Ende ist er so überfordert, dass es auch in Mathematikarbeiten zum Blackout kommt. Die Noten rauschen überall in den Keller. Er ackert, er müht sich, aber nirgends stellt sich ein Erfolg ein. «Das war für uns fast unerträglich, ihn so zu sehen.» Ende der siebten Klasse ziehen die Eltern die Notbremse. So kam er zu uns.

Ein Kulturschock, erzählt seine Mutter später. Sie und ihr Mann hätten am ersten Elternabend begriffen, wie groß die sozialen Unterschiede in Berlin wirklich sind. Ganz selbstverständlich redeten plötzlich alle vom Berlin-Pass – «Ich kannte den gar nicht». Der steht Kindern und Jugendlichen zu, deren Eltern von Hartz IV, Sozialhilfe oder Asylbewerberleistungen leben. So hilft der Staat bei der Schulausstattung, Klassenfahrten oder auch bei Nachhilfe.

«Und viele Eltern», berichtet sie weiter, «sprachen kaum oder gar kein Deutsch.» Damit der Elternabend trotzdem stattfinden konnte, habe die Lehrerin betont einfach und langsam geredet. «Wir waren entsetzt.» Plötzlich bekamen es die Eltern mit der Angst zu tun. Ist das Niveau dieser Schule womöglich zu niedrig? Und sie stellten sich die Frage, die sich viele bildungsbürgerliche

Eltern schnell stellen: «Wird unser Sohn hier überhaupt genügend lernen?»

Denn Eltern, die selbst Abitur haben und vielleicht auch studiert, haben keine abstrakten Erwartungen. Sie bringen Erfahrungen aus ihrem Leben mit, Erinnerungen, wie es bei ihnen in der Schule war, und wollen nun, dass das eigene Kind mindestens genauso gut unterrichtet wird. Das ist ihr gutes Recht. Ihr Kind herzugeben für ein solidarisches Gesellschaftsexperiment namens inklusive Schule, Gesamtschule oder Gemeinschaftsschule, das aber womöglich nicht wirklich funktioniert, dazu sind sie in der Regel nicht bereit. Sie wissen, was machbar ist, sie haben Ansprüche. Die sind manchmal überzogen, dann hat man Helikoptereltern bei sich sitzen, die am liebsten jeden pädagogischen Schritt der Schule überwachen möchten. Das kann anstrengend werden. Aber klar ist – für solche Eltern steht eindeutig die Leistung im Zentrum. So war es ja ursprünglich auch in diesem Fall. Die Sorgen der Eltern waren absolut nachvollziehbar.

Auch ihr Sohn hatte bei uns ein prägendes Eingangserlebnis in seiner neuen Klasse. Vorne erklärte seine Klassenlehrerin etwas, aber er saß ungünstig und verstand sie nicht gleich. Deshalb meldete er sich: «Es tut mir leid, ich habe das akustisch nicht ganz verstanden.» Stille. Der Rest der Klasse drehte sich zu ihm um und starrte ihn mit großen Augen an. Dann fragte einer der Klassenkameraden entgeistert: «Was heißt ‹akustisch›?!» In dem Moment, erzählt er vier Schuljahre später, habe er gedacht: «Wo bin ich hier bloß gelandet?»

Trotzdem ist die Familie bei uns geblieben, weil sie

nach und nach Vertrauen gewann. Sie merkte, wie sehr wir uns um Leistung bemühen – auch dank Teilungsunterricht. Wir versuchen, wenn möglich, immer eine Klasse in zwei Gruppen zu teilen, sodass der Unterricht intensiver wird. Der Junge wurde wieder besser in der Schule, gewann zügig sein Selbstbewusstsein zurück und weiß jetzt aufs Neue, was er kann. Inzwischen hat er den Mittleren Schulabschluss problemlos gepackt und besucht nun eine Schule mit gymnasialer Oberstufe, um sein Abitur zu machen. Seine Chancen stehen gut.

«Akustisch – was bitte heißt das denn?» Ein kleiner Moment, der vieles deutlich macht. Hier trafen jene Welten aufeinander, von denen oft so allgemein geredet wird. Hätte eine Lehrerin oder ein Lehrer das Wort benutzt, die meisten in der Klasse hätten es vermutlich überhört. Aber nicht bei einem neuen Mitschüler. Da hören alle genauer hin, und im besten Falle übernimmt die eine oder der andere das Fremdwort in den alltäglichen Sprachschatz. Wer eine gute, lebendige Schule haben will, braucht solche Momente, braucht eine solche Mischung von Kindern. Dann haben alle eine bessere Chance. Aber ein solches Miteinander geht nur, wenn die Schulatmosphäre gut ist. Wenn alle das Gefühl haben, sich irgendwie bei uns wiederzufinden. Sich gut unterrichtet und sicher zu fühlen. Und am Ende sagen: «Okay, hier können wir zur Schule gehen. Das ist eine gute Schule.» Nur dann ist diese für alle förderliche Mischung möglich.

Intelligenz ist gleichmäßig verteilt, sie ist kein Privileg einer bestimmten sozialen Schicht, eines bestimmten kulturellen oder religiösen Hintergrunds. Natürlich haben bildungsbürgerliche Eltern oft mehr Möglichkeiten, ihre Kinder früh zu fördern, verspüren überhaupt den Impuls dazu. Aber es ist nicht so, dass «bildungsferne Eltern» – wie es immer so plakativ heißt – keine Vorstellungen und Hoffnungen für ihre Kinder haben. Die wollen auch, dass aus denen etwas wird.

Keinem dieser Eltern kann ich garantieren, dass ihre Kinder von den Härten, die eine Großstadt mit sich bringt, oder den Problemen, die verschiedene Milieus in sich tragen, auf unseren Schulfluren völlig ferngehalten werden. Manches schlägt bei uns in der Schule auf – unsere Schüler leben ja nicht unter einer Glasglocke. Wir haben Schülerbiographien mit großen Härten. Kinder, die schon früh vernachlässigt wurden von Müttern, die mit einer Drogensucht kämpfen. Sie landen irgendwann in Wohngruppen und haben – trotz ihrer Wachheit – nur schwer eine Chance im Leben, weil sich negative Muster schon so tief bei ihnen eingegraben haben. Auch für die sind wir verantwortlich, auch die versuchen wir so weit zu bringen, wie wir nur können. Aber natürlich finden sich unter ihnen oft diejenigen, die sich nur schwer an Regeln halten, die immer wieder ausbrechen.

Und dann kann ich den anderen, den engagierten und fürsorgenden Eltern, versprechen: Wir werden reagieren. Wir ahnden Gewalt und Respektlosigkeiten, wir dulden keine Drogen, wir fordern gutes Benehmen und eine gewisse Disziplin. Von den Eltern werden wir dabei meist unterstützt. Sie sind dankbar, wenn wir sie in den Schulalltag einbeziehen. Wenn ihr Kind mal über die Stränge schlägt und von uns die Rote Karte sieht – nachdem wir der Schülerin oder dem Schüler genau erklärt haben, warum und wie wir es machen –, dann erfahren wir in fast allen Fällen Unterstützung.

Der Psychologe Ahmad Mansour, ein arabischer Israeli, der seit 2004 in Deutschland lebt und inzwischen den deutschen Pass besitzt, kennt besonders die muslimischen Elternhäuser. Deshalb hat er Vorbehalte gegen eine Methode wie die unsere. «Diese Regeln funktionieren, weil sie sich nach den Regeln des Patriarchats ausrichten. Und das kann nicht das Ziel sein», hat er einmal gesagt. Es sei wichtig, mit den Schülern zu reden, so lange, bis sie endlich einsichtig seien. Es müsse in der Schule bewusst anders laufen als zu Hause. Dann erziehe man wahre Demokraten und mündige Bürger. Als jemand, der seit Jahrzehnten in diesem Beruf steht, eigentlich immer in sogenannten Brennpunktschulen, kenne ich diese Elternhäuser auch ein wenig. Ich glaube nicht an die Theorie, man müsse erst ganz andere Menschen aus ihren Söhnen und Töchtern machen, um ihnen eine gute Schule zu sein. Ich fürchte, das ist wieder so eine Idee, die unsere Schulen überfordert, und davon gibt es schon mehr als genug.

Wo bitte sollen unsere Regeln patriarchalisch sein? Pünktlichkeit, Höflichkeit, Fleiß – das ist bestimmt nicht das Gesicht des Patriarchats. Schüler, die aufeinander Rücksicht nehmen, sich respektieren; Lehrerinnen und Lehrer, die in ihrer Funktion anerkannt werden. Jugendliche, die sich im Unterricht anstrengen und mitarbeiten. Das sind ganz klassische Tugenden.

Viele Eltern heißen eine klare, regelbasierte Schule gut, die sie in gewisser Weise auch bei der Erziehung unterstützt. Gerade wenn zu Hause viel los ist, wenn man nicht nur zwei, sondern fünf oder sechs Kinder hat, sind sie froh, wenn die Schule ein verlässliches Gegenüber ist. Denn am Ende geht es auch ihnen darum, dass hier gut und in Ruhe gelernt wird.

Vom Segen der Stille

Und diese Ruhe ist auch für die Inklusionskinder wichtig. Unsere autistischen Schüler, auch die haben wir, brauchen, so unsere Erfahrung, viel Ruhe und Klarheit. Bei uns ist der Schulalltag für sie überschaubar. Auch dass bei uns um 14 Uhr Schluss ist – außer man will an einer AG teilnehmen –, macht es ihnen leichter. Denn für viele Autisten ist ein langer Schultag eine echte Belastung. Viele Jugendliche auf einem Haufen, viel Interaktion, viel Wechsel. Sie benötigen auch die Stille zu Hause, um sich wieder zurückziehen zu können.

Autisten zu unterrichten, darauf waren wir alle nicht vorbereitet. Wir haben keine Sonderpädagogen im Kollegium. Wir haben versucht, uns in die Schüler hineinzuversetzen und zu verstehen, was sie an Unterstützung brauchen. Ich werde nie vergessen, wie einer unserer autistischen Schüler seine Präsentation für den Mittleren Schulabschluss vor seiner Klasse hielt. Bei uns wird einmal vorher vor allen geübt, damit es bei der Präsentationsprüfung besser sitzt – eine Generalprobe sozusagen. Die Schüler schätzen sich dann gegenseitig ein, loben, was gut war, geben Tipps, was besser sein könnte.

Für einen autistischen Schüler kann so eine mündliche Prüfung eine extreme Hürde sein. Für diesen zumindest war es so. Und seine Klasse, in die er wirklich gut integriert war, hat ihn wunderbar unterstützt. Sie haben ihm gesagt, wie toll er es gemacht hat. Sie wussten alle genau, was das für ein Sprung für ihn war. Aber keiner hat gelacht oder gelästert. Die haben ihn einfach so genommen, wie er war. Und er wusste selbst, dass Reden nicht seine Stärke war, dafür hatte er andere. Er hat den Mittleren Schulabschluss dann geschafft.

Die Eltern haben uns später bestätigt, dass es die Regelhaftigkeit war, die ihrem Sohn half. Die Rituale – wie die Schulstunde beginnt, wie sie endet. Für ihn wurde die Schule damit übersichtlich, handhabbar, machbar. Er brauchte die Ruhe und den konzentrierten Unterricht. Andere Schulen dagegen, die sogar Sonderpädagogen im Team hatten, scheuten sich, ihn zu beschulen. Sie hielten den Fall für zu schwierig. Seitdem haben wir immer wieder Anmeldungen von autistischen Schülern, dabei sind wir gar nicht darauf spezialisiert.

Konzentrierte Ruhe ist auch wichtig für Schüler, die hörgeschädigt sind. Denn Hörgeräte sind sehr empfindlich – sie reagieren immer auf eine dominante Stimme. Die wird dann verstärkt. Sobald alle durcheinanderreden, kommt beim hörgeschädigten Schüler nur Chaos im Ohr an – ein einziger Wortbrei, was ungeheuer anstrengend und nervenaufreibend für den Hörer sein muss. Auch solche Schüler kommen bei uns zurecht, obwohl wir keine schallschluckenden Teppiche in den Klassenzimmern und Fluren ausgelegt haben, wie in solchen Fällen gefordert.

Für viele Schulleitungen war und ist die inklusive Schule weiterhin eine große Herausforderung, für uns auch. Doch bislang haben wir viele gute Erfahrungen gemacht. Wir haben einfach von Fall zu Fall geschaut, wie wir mit der jeweiligen Beschränkung umgehen und wie wir unsere Schüler am besten unterstützen können.

Womöglich gehe ich mit solchen Behinderungen selbstverständlicher um, weil meine Großeltern, die Eltern meines Vaters, beide blind waren. Geboren 1893 und 1902, gingen sie noch als Kinder und Jugendliche in der Blindenanstalt zur Schule. Ich war als Enkel viel bei ihnen zu Hause und war immer fasziniert, wie sicher meine Großmutter sich durch die Wohnung und besonders die Küche bewegte. Denn jeden Sonntag gingen meine Eltern mit mir zu den Großeltern zum Mittagessen. Meine Großmutter machte hervorragende Rouladen, Kassler Kamm auf Sauerkraut, Falschen Hasen und Hering in weißer Soße – Letzteres war viel Arbeit, denn der Hering musste erst von Gräten befreit und dann tagelang eingelegt werden, auch die Soße brauchte ihre Zeit. Sie hantierte sicher, kochte, briet, backte mit Vergnügen.

Die Sehbehinderung – mein Großvater konnte im Gegensatz zur Großmutter schemenhaft zumindest noch etwas erkennen – schien beide im Leben erstaunlich wenig einzuschränken, sie arbeiteten, verdienten als Korbmacherin und Besenbinder ihr Geld. Zur Erholung lasen meine Großeltern viel, Bücher in Brailleschrift, als Kind schaute ich fasziniert zu, wenn ihre Fingerkuppen über die fühlbaren Punkte glitten. Manchmal machte ich damals dann selbst die Augen zu, versuchte, auch so zu lesen, aber es gelang mir nicht annähernd, die einzelnen Buchstaben auseinanderzuhalten. Ich war sehr gerne bei meinen Großeltern. War ihre Wohnung besonders ausgestattet? Nein. Aber ich merkte als Kind, wie wichtig die Ordnung für die beiden war, dass alles einen festen Platz hatte. Nur so war es auffindbar. Niemals durfte man eine Tür halb aufstehen lassen, entweder auf oder zu, alles andere wäre für die Großeltern gefährlich geworden. Wenn wir auf die Straße gingen, meine Großmutter hatte immer ihren Blindenstock in der Hand, war das Hören oft entscheidend. Sie orientierte sich gut mit dem Hörsinn, überquerte sogar breite Autostraßen, aber damals war die Welt auch noch langsamer und leiser.

Ruhe in der Schule ist für alle wichtig. Bei uns geht es sehr ruhig während der Schulstunden zu, weil wir sehr einfache Regeln für den Unterricht aufstellen. Mit allen Siebtklässlern bespricht meine Stellvertreterin oder ich am Anfang ausführlich, worauf wir in der Schule Wert legen. «Betrage dich vorbildlich», steht da beispielsweise unter Punkt fünf. Was kann das heißen? Ein Schüler meldet sich: «Nicht so gangstermäßig.» Genau, bestätige ich, das wäre schon ganz gut. «Und genau das machen, was du gerade getan hast: erst melden, drangenommen werden und dann sprechen.» Warten, bis der andere ausgeredet hat. Zuhören. Überhaupt auf dem Platz sitzen bleiben. Zunehmend kommen Grundschüler zu uns, die es überhaupt nicht mehr gewohnt sind, während einer Stunde auf ihrem Platz auszuharren. Die stehen auf, wenn sie ein Bedürfnis danach haben, wandern durch das Klassenzimmer, rufen rein, wenn ihnen etwas einfällt. Fast als kämen sie aus der Wildnis oder geradewegs aus der Kita und hätten nie eine Schule von innen gesehen. Solche Schüler kommen häufig mit einem «em-soz-Status» aus der Grundschule zu uns – emotionaler-sozialer Förderbedarf. Doch oft renkt sich das im Laufe der Jahre bei uns ein, weil auch ihnen die Regelhaftigkeit hilft.

Wer als Schule mit solchen einfachen Umgangsformen hadert, der kann sich die Ruhe natürlich auch teuer einkaufen. Inzwischen haben Akustikfachleute in Schulen einen florierenden Markt gefunden. «Kinder brauchen Freiraum für Entfaltung. Oft ist das mit einem ziemlichen Geräuschpegel verbunden. Besonders bei Kindern, die einer speziellen Förderung bedürfen, können diese Geräusche oder Gespräche für viel Ablenkung sorgen», schreibt ein Hersteller von Lärmschutzkopfhörern werbend Schulleiter in der Hauptstadt an. Gruppenarbeit, Partnerarbeit, freies Arbeiten nach Wochenplan, kooperatives Lernen als Lern-Team, da kann es schnell hoch hergehen. Und es ist klar, der Dauerlärm macht alle krank. «Lärm beeinträchtigt das Lernen von Kindern auf vielfältige Weise», heißt es vom Fraunhofer-Institut für Bauphysik. Bei Grundschülern sowieso, aber auch bei Jugendlichen. «Mit lärmbedingt beeinträchtigter Wahrnehmung und Aufmerksamkeit werden Informationsaufnahme und -verarbeitung gestört, Gedächtnis- und Entscheidungsprozesse beeinträchtigt.» Auch die «Freundlichkeit und Geduld des Erziehungs- und Lehrpersonals» nehme bei schlechter Akustik schneller ab. «Am Arbeitsplatz Schule ist Lärm eine der Hauptursachen für Stress.»

Hier kommt der Rat des Fraunhofer-Instituts: Schallabsorber. Gedämmte Decken, Wände, Flure. Bodenbeläge mit besonderer Dämmschicht, Türen mit Absenkdichtung. Alles nicht ganz billig, doch offenbar jeden Euro wert. «Inklusion und Integration, aber auch Kinder mit nicht deutscher Muttersprache profitieren von erhöhter akustischer Qualität der Gebäude und Räume.» Eine technische Lösung also für ein pädagogisches Problem.

Aber könnte man nicht auch mal über die Art des Unterrichts nachdenken? Kann es sein, dass die freien Formen auf Dauer viele überfordern – Schüler wie Lehrer? Um die Artikel zu lernen, gibt die Lehrerin ein Wort vor, beispielsweise «Baum», und die Grundschüler hasten durch den Raum zu den Artikel-Stationen: der Baum, die Baum oder das Baum? Statt geometrische Formen zu zeichnen, bilden alle Schüler einen Stuhlkreis und ertasten die Objekte unter einem Tuch. Und beim Vokabelabfragen wirft man sich auch in höheren Jahrgängen gegenseitig den Ball zu – wer fängt, muss antworten. Alles andere wäre ja langweilig. Doch allein die Rahmenbedingungen dieser Lernspiele zu erklären, frisst oft viel Zeit, der Trubel ist groß, die Lautstärke wächst. Ob es den Schülerinnen und Schülern am Ende wirklich so viel Spaß macht, dass sie motivierter arbeiten, sei dahingestellt. Besonders wenn der spielerische Ansatz keine Ausnahme bildet, keinen Höhepunkt im Unterricht, sondern in ermüdender Dauerschleife daherkommt. Niemand braucht ein ganzes Schuljahr lang Karneval.

Leider werden die Schulneubauten, zumindest die, die in den nächsten Jahren in der Hauptstadt entstehen werden, mit ihrer Architektur diese Dauerunruhe noch verstärken. Denn sie sehen kein Klassenzimmer mehr vor, das «monofunktional auf den Unterricht ausgerichtet» ist, wie es im grundlegenden Bericht der «Facharbeitsgruppe Schulraumqualität» der Berliner Senatsverwaltung für Bildung heißt. Stattdessen sollen nun Lern- und Teamhäuser kommen, denn die «Kompetenzentwicklung und Formen selbständigen Lernens mit Pädagoginnen und Pädagogen als Lernanleiterinnen und -anleiter sowie Lernbegleiterinnen und -begleiter erfordern neue Raumkonzepte».

Jede Schülerin, jeder Schüler soll in allen Momenten selbstbestimmt lernen. Unterricht, Lesen, Spielen, Rückzug, alles gleichzeitig. Das Mobiliar ist flexibel, die Lehrerin und der Lehrer ist durch ein «multiprofessionelles Team» ersetzt worden. Die fiktive Beschreibung eines Alltagsmoments während der «zentralen Unterrichtszeit» wird gleich mitgeliefert: «Einige Kinder ziehen sich in eine Polsterhöhle zurück, während andere in einem geschlossenen Kleingruppenraum Konzentration suchen. Auf der Großfläche herrscht jetzt absolutes Flüstergebot.» Und keine Sorge – die Akustikspezialisten haben ja vorgesorgt, falls das Flüstergebot nach einigen Minuten nicht mehr eingehalten wird. Damit alle wenigstens einigermaßen mit heilen Nerven durch den Tag kommen.

Lehren aus Corona: Hauptsache digital?

Nun war es allerdings zuletzt oft viel stiller, als uns allen recht war. Schulschließungen und beschränkte Unterrichtszeit während der Corona-Pandemie haben uns auf radikale Art klargemacht, wie wertvoll jede Schulstunde ist. Die Erfahrung aus dem Homeschooling zeigt, dass der persönliche Kontakt zwischen Schülern und Lehrern unverzichtbar ist. Weder Eltern noch Apps können ihn ersetzen. Lehrer sind die wertvollste Ressource in der Pädagogik. Mein Eindruck ist, dass unser Beruf während der Corona-Pandemie mehr Anerkennung erfahren hat.

Wir Pädagogen mussten während Corona in kürzester Zeit lernen, uns auf das Wesentliche zu konzentrieren. Mit wenig Aufwand die besten Ergebnisse zu erreichen; denn unsere Zeit mit den Schülern war viel knapper, unsere Möglichkeiten, sie zu erreichen, begrenzt. Gerade im Angesicht einer solchen Krise sollten wir uns noch deutlicher fragen: Wie lauten unsere Bildungsziele? Was heißt für uns Bildungserfolg? Und wie können wir ihn erreichen – selbst aus der Ferne?

Das Hauptschlagwort während der Corona-Krise lautete: Digitalisierung. Wobei es auch bei uns eine Mischform war, zu unterschiedlich gut oder schlecht waren unsere Schüler technisch ausgestattet, immer wieder waren die Server der Lernplattform überlastet, bei Video-Konferenzen fror gerne mal das Bild ein. Also suchten wir andere Wege, von der E-Mail über das Telefonat bis zur guten alten Post. Da gibt es sicherlich noch viel Luft nach oben. Trotzdem muss ich sagen, dass das schulische Engagement unserer Schüler höher war, als ich zu Beginn der Schulschließung gedacht hätte. Es wurde tatsächlich ein bisschen gearbeitet. Vielleicht half da auch, dass unsere Schüler eine gewisse Regelhaftigkeit gewohnt sind.

Denn das größte Problem beim Fernunterricht scheint mir die fehlende Struktur zu sein. Eine junge Kollegin, die an einem Kreuzberger Gymnasium arbeitet, hatte da ein einschneidendes Erlebnis. Acht Wochen hatte sie ihre Oberstufenschüler nicht gesehen, nur digital Aufgaben zu ihnen geschickt und zurückerhalten. «Ich dachte eigentlich, es geht ihnen gut.» Bis sie eines Montags wieder frühmorgens bei ihr in der Klasse saßen. Sie blickte in die bleichen, fast depressiv wirkenden Gesichter der Jugendlichen, kein Lächeln, nichts. «Was ist denn mit euch los?», fragte sie entsetzt. Es stellte sich heraus, niemand war mehr vor dem frühen Nachmittag aufgestanden, stattdessen hatte man bis spätnachts gezockt oder gechattet. Mit der Schulschließung hatten die Jugendlichen ihre Alltagsstruktur verloren. Sie brauchen die direkte Ansprache von Mensch zu Mensch. Das kann die Digitalisierung kaum ersetzen, da bin ich mir sicher.

Wir haben als Schule auf unsere Erfahrungen aus den Wochen der Schulschließung reagiert und setzen beim Homeschooling erst mal weniger auf das Digitale als auf einen Hybridunterricht mit Büchern und Arbeitsheften, die wir extra für den Fall eines weiteren Lockdowns angeschafft haben. Sodass unsere Schüler mit ihren Lerngruppen in einem Wechselmodell arbeiten können: an einem Tag Präsenzunterricht in der Schule, am nächsten Tag selbständiges Arbeiten in den Aufgabenheften und Büchern. Denn viele unserer Schüler sind weiterhin für den digitalen Unterricht nicht ausreichend ausgestattet: es fehlt der Laptop, der Drucker, überhaupt ein WLAN-Anschluss zu Hause. Oft verfügen sie lediglich über ein

Handy mit einer begrenzten Menge mobiler Daten. Und selbst wenn ein Computer in der Wohnung steht, so ist es doch häufig zu eng und laut, um dort in Ruhe lernen zu können. Mit einem Arbeitsheft und einem Buch kann man dagegen einfach nach draußen gehen und sich zurückziehen. Wir hatten auch – nachdem die ganz strenge Zeit der Schulschließung vorbei war – unbenutzte Klassenräume für unsere Schüler geöffnet, damit sie sich dort einen Arbeitsplatz suchen konnten. Und am nächsten Tag – nach dem selbständigen Arbeiten – trifft man die Lehrkraft dann wieder direkt in der Schule im Unterricht vor Ort, um Fragen zu stellen und im Stoff weiterzukommen.

Spätestens diese Pandemie macht deutlich, dass wir noch intensiver mit den Kernstunden arbeiten sollten, die wir zur Verfügung haben. Und dort wirklich den Schülern etwas beibringen müssen, anstatt die Schule immer weiter aufzupumpen. Womöglich sollte die moderne Pädagogik darüber nachdenken, ob Übung nicht viel wichtiger ist als eine riesige Stofffülle. Wäre es nicht angebracht, die wesentlichen Dinge nachhaltig zu vermitteln, damit sie wirklich sitzen, als mit immer neuen Kompetenzen, immer neuen Oberthemen, immer neuen Schulfächern, immer neuer Architektur zu kommen? Denn alles, was neu hinzukommt, führt dazu, dass für die Basis weniger Zeit bleibt. Und diese Basis – Lesen, Schreiben, Rechnen – ist bekanntermaßen häufig viel zu fragil.

Zuletzt schien nur ein Motto zu dominieren: Alles Neue glänzt so schön. Uns, die wir Schule etwas traditioneller angehen, begegnete manchmal eine gewisse Verachtung. «Es ist uns gelungen, mit diesem Schulsystem zweitklassige

Roboter zu bilden, die wiedergeben können, was wir ihnen erzählen», behauptet beispielsweise der Bildungsforscher Andreas Schleicher, der die Abteilung für Bildung bei der OECD leitet und als deutscher PISA-Papst gilt, mit Blick auf das deutsche Schulsystem. Man sei hier noch sehr vom «industriellen Zeitalter» geprägt, der Lehrplan vermittele Bildung «gewissermaßen im Gleichschritt». Nun, in Zeiten der künstlichen Intelligenz, müsse man sich fragen, wie man «erstklassige Menschen» bilde.

Was für eine Sprache! Was für ein Menschenbild! Was für eine Hybris gegenüber allen, die bislang zur Schule gegangen sind, und was für wolkige Ideen für die Bildungszukunft. Wer bitte entscheidet, was «erstklassige» und was «zweitklassige» Menschen sind? Wie wünschenswert oder wie schrecklich hat man sich eine Zukunft vorzustellen, die in solchen Kategorien beschrieben wird?

Und immer wieder lautet ein Vorwurf, die Jugendlichen würden nicht individuell genug gefördert, überhaupt individuell genug wahrgenommen. Dabei ist das Gegenteil wahr – wir arbeiten sehr eng mit unseren Schülern zusammen, versuchen genau zu verstehen, was ihnen jetzt helfen könnte oder was sie womöglich eher zurückwirft. Von einem kalten Verhältnis zu «zweitklassigen Robotern», die lieblos mit Wissen befüttert werden, kann keine Rede sein. Es liegt so viel Abwertung in dieser Metapher, dass man sich fragt, in welchen Farben wohl das Menschenbild eines bildungspolitischen OECD-Direktors ausgemalt ist. Nele, Erol, Baranthan, Eliona, Finn, Jan, Shaolin, Azi, Enes, um nur einige zu nennen – sie alle haben bei uns in den letzten Jahren herausragende Abschlüsse gemacht, sind jetzt in einer Ausbildung oder studieren, haben noch große Pläne. Man möchte jeden von ihnen gerne persönlich dem Herrn von der OECD vorstellen.

Gerade weil wir sehr individuell hinschauen, erleben wir immer wieder, eine Schülerin oder einen Schüler auffangen zu können. Einen solchen Fall möchte ich erzählen, er ist sehr unkonventionell. Vor einigen Jahren meldete sich ein Schüler bei mir an, er hatte die zehnte Klasse schon hinter sich und musste ohne Abschluss das Gymnasium verlassen, weil er dort offensichtlich kaum noch aufgetaucht war. Nun bat er bei uns um einen Schulplatz, um einen Abschluss machen zu können.

Dieser Jugendliche war nicht mehr schulpflichtig, nach zehn absolvierten Schuljahren sind wir auch nicht mehr für ihn zuständig. Die Schule hatte auch schon einige Wochen begonnen, es war die Zeit nach den Sommerferien, alle Klassen waren voll. Aber als ich mich mit ihm unterhielt, wurde mir schnell klar, dass er die Intelligenz zum Mittleren Schulabschluss mitbrachte, wohl auch zu mehr. Er hatte es nur nicht geschafft, regelmäßig eine Schule zu besuchen. Nun war ihm plötzlich bewusst geworden, dass er ohne Abschluss aus dem Schulsystem herausgefallen war. Deshalb die kurzfristige Bitte an uns. Solche Schüler mit großen Fehlzeiten aufzunehmen ist meist kritisch, es kann zu einer großen Belastung für die Lehrerinnen und Lehrer werden. Ich merkte jedoch, er wollte wirklich und hatte Potenzial. Er wolle noch eine Chance, sagte er, wolle sich ändern.

Ich habe ihm ein Angebot gemacht. Es war ja Frühherbst, die Blätter fielen von den Bäumen, es lag schon viel

Laub. Also habe ich gesagt: «Wenn du diesen Platz in unserer Schule wirklich willst, dann zeig uns das. Du kommst die nächsten zwei Wochen jeden Morgen um 7.30 Uhr und harkst die Blätter draußen im Park vor der Schule zusammen. Mit Schubkarre, Harke und Handschuhen den Vormittag über. Wenn du das vierzehn Tage durchhältst, dann quetschen wir dich noch in eine unserer Klassen rein. Dann kriegst du deine Chance.» Ich habe also eine Hürde eingebaut, auch um mein Kollegium zu schützen. Wir mussten wissen, ob er sich wirklich ändern wollte. Er konnte nun zeigen, dass er es ernst meinte.

Er hat das Angebot sofort angenommen, ich musste gar nicht viel dazu sagen. Er, dem bis dahin die Schule zeitlebens egal war, er ist jeden einzelnen Wochentag gekommen, vierzehn Tage lang, und hat den Container vom Grünflächenamt gefüllt. Er hat wirklich hart gearbeitet und dann seinen Platz bekommen. Und am Ende des Jahres hat er den besten Abschluss des Jahrgangs hingelegt.

Natürlich hätte es andere Möglichkeiten gegeben. Der bequeme Weg für uns: Wir hätten ihn einfach ablehnen können, er war ja nicht mehr schulpflichtig. Tut mir leid, kein Platz, auf Wiedersehen. Oder der bequeme Weg für ihn, wenn man gesagt hätte: «Du armer Kerl, setz dich in die Klasse. Das wird schon.» Aber da wäre die Gefahr groß gewesen, dass er nicht begriffen hätte, welche Chance er jetzt hat. Und wenn ich ihm eine geistige Arbeit gegeben hätte, eine Präsentation, hätte er womöglich alles im Internet zusammenkopiert. Dass er intelligent war, merkte man ja.

Was ihm fehlte, war der Biss und die Regelmäßigkeit. Und es war ein Bauchgefühl, dass es eine physische Aufgabe sein musste, an der er zeigen konnte, ob er diesmal wirklich durchhalten wollte. Morgens aufzustehen und zur Schule zu gehen, ist ja auch eine physische Aufgabe. Man muss etwas Reelles tun, sich überwinden, jeden Tag neu, und wenn es gutgeht, sieht man, auch ganz reell: Ja, ich kann das, es ist machbar, ich schaffe das. Er war hinterher sehr dankbar, dass wir ihn aufgefangen haben.

Man kann es nicht immer so machen wie in diesem Fall, das war eine absolute Ausnahme. Doch sie glückte. Pädagogen müssen immer individuell arbeiten, wenn sie erfolgreich sein wollen. Trotzdem ist nichts verkehrt daran, in den Kernzeiten des Unterrichts gemeinsam zu lernen. Das eine ist die Basis des anderen. Kriege ich Struktur und Konzentration und Leistung im Kernbereich hin, gewinne ich die Freiheit, mich dem Einzelnen und seinem jeweils Besonderen zuzuwenden. Seinen besonderen Stärken, seinen besonderen Schwächen.

Die Grenzen der Schule

Montagmorgen, wenn der Schulalltag wieder beginnt, erwarten uns im Kollegium manchmal Nachrichten vom Wochenende. Irgendetwas ist vorgefallen an den freien Tagen oder nachts, als die Schule längst vorbei war. Dann wenden sich Schüler oder Eltern hilfesuchend, häufig auch fordernd an mich als Schulleiter, wenn beispielsweise ein Schüler seinen Mitschüler wiederholt in sozialen Medien bedroht hat. Das kann dann so klingen:

«denk nicht ich hab Angst vor euch wallah ich bin jünger aber ist mir egal wen du sagst man gegen man yallah mein Rücken ist groß komm zu mein kiz zu mein block wir werden sehen ich will jetzt nicht bedrohen aber ...»

Der so herausgeforderte Schüler reagiert, es gibt ein heftiges Hin und Her aus Schrift- und vertonten Sprachnachrichten, das zieht sich über das ganze Wochenende, und am Ende mischen alle mit – große Schwestern und große Brüder, Mütter, Väter, Cousins. Unsere beiden Schüler sind nur noch Teil eines großen Ganzen, es geht um Familienverbände, die sich selbst als schlagkräftig bezeichnen, und noch mächtigere Familien im Hintergrund, deren Namen man sonst nur aus der Zeitung kennt. Es dreht sich alles um «Ehre». Von allen Seiten werden Schläge angekündigt, die Dialoge peitschen sich hoch,

Mütter versuchen beruhigend einzugreifen, telefonieren direkt miteinander. Doch die Situation wird zunehmend unübersichtlich. Es sind inzwischen so viele involviert, wer reizt hier wen? Klar ist nur, in der Schule selbst ist nichts passiert. Außer dass die beiden, die sich als Erste bedroht haben, sich von hier kennen. Und dann heißt es Montagmorgen hilfesuchend von den Familien: «Herr Schulleiter, greifen Sie ein!»

Oder ein anderes Ereignis. Ein Mädchen verschickt nachts freizügige Bilder von sich. Diese Fotos gehen an alle möglichen Mitschüler, werden dann von diesen unerlaubt weiterverschickt. Ganz bitter für die junge Schülerin. Dann sprechen uns die Eltern an: Tut etwas! Uns tritt manchmal eine große Anspruchshaltung entgegen, dass wir doch sofort handeln müssten. Natürlich sanktionieren wir die Schüler, von denen wir wissen, dass sie Bilder weiterverschickt haben, innerhalb der Schule. Aber das kann natürlich nicht die Lösung sein.

Die Schule ersetzt nicht die Eltern

Wir als Schule können für die Abende und die Wochenenden unserer Jugendlichen keine Verantwortung übernehmen. Für diese Zeit sind die Eltern zuständig. Natürlich haben wir während der Schulzeit ein Auge auf unsere Schüler, wir reden mit ihnen, versuchen, erzieherisch zu arbeiten. Wir wollen auch die Elternhäuser unterstützen, wenn sie es brauchen. Und haben wir das Gefühl, es liegt eine ernsthafte Vernachlässigung vor, dann informieren wir womöglich auch das Jugendamt. Das können wir alles leisten. Aber eines können wir nicht: die Elternrolle übernehmen. Das überfordert uns, da stößt die Schule sehr schnell an ihre Grenzen.

«Pflege und Erziehung der Kinder sind das natürliche Recht der Eltern und die zuvörderst ihnen obliegende Pflicht», heißt es im Artikel 6 des Grundgesetzes. Diesen Artikel zitiere ich Eltern gegenüber immer wieder. Sie haben die wichtigste Rolle im Leben ihrer Kinder. Die Schule hat auch eine Erziehungsaufgabe, wir teilen uns diese Rolle. Aber nicht etwa in dem Sinne, dass Eltern und Schule fifty-fifty für die Erziehung zuständig wären. Eltern sind – so soll es auch sein – deutlich einflussreicher als die Schule. Wenn sie ausfallen, dann wird es schwer.

Wir in der Schule konzentrieren uns erst mal auf die Erziehung innerhalb der Schule und im direkten Umfeld der Schule. Das tun wir möglichst mit den Eltern, nicht gegen und auch nicht ohne sie. Wer bei uns sein Kind anmeldet, weiß von den gemeinsamen Regeln und unserer Art, zu handeln. Aber abends und am Wochenende, da tragen die Eltern oder Alleinerziehenden die Verantwortung. Wenn ihr Nachwuchs sich also in irgendwelchen sozialen Netzwerken gegenseitig beschimpft oder allzu private Bilder von sich postet, dann stelle ich natürlich den verantwortlichen Erwachsenen die Frage: «Wer zahlt bei Ihrem Kind den Handyvertrag?» Meist Mutter oder Vater. Also schlage ich vor: «Sperren Sie das Handy doch.» Oder ich ermutige die Eltern, darauf zu achten, was ihre Kinder im Netz so treiben. Es ist ihre Aufgabe, hinzuschauen, sich mit ihren Kindern auseinanderzusetzen.

Natürlich gibt es auch Eltern und Familien, die einfach überfordert sind, die wissen, dass sie etwas tun sollten, aber nicht, wie. Und Kinder, die in dem Trubel einer Familie unterzugehen drohen. Eine Stärke ist dann, wenn man eine eher kleine Schule ist und so viele Schüler im Blick hat. Dann kann es unerwartet zu einem rettenden Moment kommen. «Ich habe mich früh nicht mehr auf die Schule konzentriert, so ab der achten Klasse, weil ich andere Sorgen hatte», erzählt ein ehemaliger Schüler. Der ältere Bruder hatte einen schweren Unfall, er stürzte aus dem fünften Stock, bleibt danach lange ans Bett gefesselt. Ein Schock für die Familie, unser Schüler hilft bei der Pflege. Dazu kommt eine schwierige junge Liebe, die nur versteckt gelebt werden kann. Denn die Freundin stammt aus einer arabischen Familie, soll einen Cousin heiraten. Irgendwann fliegt das Paar auf, die Situation wird bedrohlich. «Ich wollte mit niemandem darüber sprechen, was gerade los ist.» Weil er niemandem zur Last fallen will. Zehnte Klasse, alles wächst ihm über den Kopf und der Mittlere Schulabschluss steht kurz bevor. «Ich hätte keine Chance gehabt.»

Einer unserer Lehrer, der ihn selbst gar nicht unterrichtete, aber den Schüler als freundlichen jungen Mann schätzt, wirft ein Blick auf das Halbjahreszeugnis und erschrickt. Die Noten sind im Keller. «Moment mal, da stimmt doch was nicht», sagt er zum Schüler und setzt sich mit ihm zusammen. Er macht ihm noch mal klar, wie wichtig der Schulabschluss für sein Leben ist, dass er ohne Mittleren Schulabschluss keine Ausbildung zum Restaurantfachmann beginnen kann. Das ist schon lange der Berufstraum unseres Schülers. Um den verwirklichen zu können, muss ihm aber endlich klarwerden, dass es für diesen einen Moment nur um ihn geht und er sich Zeiten schaffen muss, um in Ruhe und konzentriert zu lernen. «Es war auch immer so laut zu Hause.» Neun Geschwister, viele mit eigener Familie, da ist immer Trubel.

«Er hat mir klargemacht, was alles besser werden kann, wenn man redet, wenn man nur erzählt, was Sache ist.» Unser Schüler vertraut sich dem Lehrer an, öffnet sich zum ersten Mal – auch weil er grundsätzlich der Schule vertraut, seiner Klassenlehrerin, anderen Lehrern, und merkt, alle wollen ihn auf die richtige Bahn bringen. Der Lehrer unterstützt ihn danach beim Büffeln, schafft kurzfristig Entlastung, wo er kann, geht mit ihm zur IHK, damit er erkennt, wie realistisch seine Berufsperspektive ist. Tatsächlich besteht er den Abschluss. Heute arbeitet er im Restaurant eines 5-Sterne-Hotels in der Hauptstadt, will seine Ausbildung als Sommelier beginnen. «Ich mache drei Kreuze, dass alles doch noch gut geworden ist», sagt unser ehemaliger Schüler. Der 22-Jährige wirkt glücklich und in seinem Leben angekommen.

Vielleicht kann man sich in einer heileren Welt nicht vorstellen, wie viel zusätzliches Engagement hier von Lehrerinnen und Lehrern eingefordert wird, um solche Lösungen möglich zu machen. Wir können Beratungshilfen organisieren, und in Fällen von wirklich schweren Erziehungsdefiziten holen wir auch das Jugendamt dazu. Es sind fast alles Gänge, die eigentlich in der Verantwortung von Eltern liegen. Doch manchmal fehlt den Familien selbst der Überblick, manchmal scheitert es an Sprachbarrieren. Trotzdem darf man die Eltern nicht zu schnell aus der Verantwortung entlassen. Die Schule kann nicht für ihre Schüler die Verantwortung vierundzwanzig Stunden am Tag übernehmen, sieben Tage die Woche. Das wird nicht funktionieren.

Dass wir ein wachsendes Problem mit Elternhäusern haben, liegt aber weniger an Überforderung. Viele Eltern sind sehr mit sich selbst beschäftigt, der Nachwuchs läuft so nebenher. Und dann passiert irgendetwas, das Kind wird auffällig. Die Ruhe ist gestört. Plötzlich werden die Eltern munter und suchen jemanden, den sie dafür verantwortlich machen können: die Schule. Das geschieht relativ häufig. Wenn beispielsweise eine Schülerin oder ein Schüler Freitagnachmittag etwas im Einkaufscenter klaut, ist das natürlich dramatisch. Aber uns als Schule dafür verantwortlich zu machen, wie es dann manchmal der Fall ist, ist absurd. Wir sind die Lehrer für diese Kinder, nicht ihre Mütter oder Väter. Wir achten in unserer Schule darauf, dass jeder das Eigentum des anderen respektiert. Wir vermitteln auch immer wieder den Schülern, dass es für eine Gesellschaft grundlegend ist, sich nichts gegenseitig wegzunehmen. Aber in einem solchen Fall ist es an den Eltern, zu handeln. Das können sie nicht auf uns abschieben. Wenn wir sie unterstützen können, gerne. Es ist wichtig, dass die beiden Erziehungsakteure – Eltern und Schule – Hand in Hand arbeiten. Es ist aber ebenso wichtig, dass beide ihre Rollen kennen – und sie auch ausfüllen.

Manchmal gibt es Forderungen nach einem «Elternführerschein». Eltern sollen gewissermaßen staatlich zu guten Eltern erzogen werden. Nun sind Eltern erwachsene

Menschen, da ist es mit der Erziehung so eine Sache, schon Heranwachsende zu erziehen ist schwierig genug. Aber es bedarf eigentlich auch keiner Anleitung. Was braucht man, um gute Eltern zu sein? Sicherlich kein Studium, keine Ausbildung, eigentlich überhaupt keine spezielle Bildung. Sondern Herz. Eltern müssen einfach ihre Kinder sehen, auf sie reagieren, Anteil nehmen an deren Leben. Eine Mutter oder ein Vater muss kein Abitur haben, keinen Schulabschluss, muss noch nicht mal lesen und schreiben können, um das Kind in der Schule zu unterstützen. Ich habe viele Mütter erlebt, die als Analphabeten zu uns kamen. Trotzdem haben sie ihre Kinder nach Kräften und in der besten Art unterstützt, weil sie sich zu Hause immer wieder mit der Tochter und dem Sohn hingesetzt haben und nachgefragt haben: Wie war es heute in der Schule? Hast du Hausaufgaben? Hast du Sorgen mit einer Lehrerin oder einem Lehrer? Brauchst du irgendwas – Stifte, Schere, Kleber, ein Heft? Und als die Kinder klein waren, konnten sie ihnen zwar nichts zum Einschlafen vorlesen, aber sie haben Geschichten erzählt. Sie haben mit den Kindern geredet. Das Schlimmste ist die Sprachlosigkeit in vielen Familien, jeder hockt hinter einem Bildschirm, in jedem Zimmer ein Fernseher, ein Tablet, ein Smartphone. Wenn Kinder aus diesen verstummten Familien zu uns kommen, haben wir es als Schule sehr schwer. Ihnen fehlen die Worte. Wir können nicht alles aufholen, wir können nicht alles ausbügeln.

Gute Eltern sind zunächst einfach solche, die auf ihren Nachwuchs achtgeben. Die Basis einer guten Kindheit und auch die einer erfolgreichen Schulzeit liegt in einer zugewandten und im weitesten Sinne bildungsorientierten Familie. Es ist nicht entscheidend, ob die Eltern selbst bildungsfern oder bildungsnah aufgewachsen sind. Aufstieg durch Bildung bringt immer einen Abstand zu den vorangegangenen Generationen, das ist normal. Wichtig ist nur, dass die Eltern oder das alleinerziehende Elternteil den Schulalltag des Kindes aufmerksam und wohlwollend im Blick haben.

Wenn wir die Rolle der Elternhäuser anerkennen, ihre primäre Zuständigkeit für das Kind, ihre unersetzbare Verantwortung und ihre Autorität, dann heißt das aber auch, dass wir als Schule deren Leben bis zu einem gewissen Maße respektieren müssen. Deutschland ist ein Einwanderungsland, hier leben vielfältige Nationen, Kulturen und Religionen zusammen. Manche Schulen und vor allem Schultypen erleben diesen Wandel stärker als andere. Vieles, was in traditionelleren muslimischen Elternhäusern, aber auch in manchen russischen Familien oder südosteuropäischen – wie beispielsweise aus Serbien, Albanien, Rumänien – oder auch afrikanischen Elternhäusern vorgelebt wird, entspricht in Aspekten nicht unserem bundesrepublikanischen gesellschaftlichen Konsens. Das kann die Hierarchie der Geschlechter sein, die bei uns anders vorgelebt wird, oder ein anderer Umgang mit Sexualität, auch mit Gewalt. Auch gibt es immer wieder Vorbehalte gegen die Demokratie oder auch einen latenten oder offen ausgesprochenen Antisemitismus.

Einfach vorleben!

In den Schulen versuchen wir, unseren Schülern etwas anderes zu vermitteln. Wir legen sehr viel Wert auf Demokratiebildung, wir betonen die Gleichheit der Geschlechter und die Freiheit der Sexualität. Wir machen sehr deutlich, dass jede Form der Gewalt abzulehnen ist und auch Eltern kein Recht haben, ihre Kinder zu schlagen. Beim Thema Antisemitismus haben wir eine klare Haltung: nie wieder. Bei Stolperstein-Verlegungen in unserem Viertel sind wir bei der Gedenkfeier regelmäßig mit unseren Schülern dabei, wie zuletzt bei den Stolpersteinen für die Familie Kaufmann, die 1943 nach Auschwitz deportiert wurde, oder Frida und Ruth Cohn, die im gleichen Jahr in den Transport nach Riga steigen mussten, wo Fritz Cohn schon seit 1942 um das Überleben kämpfte oder womöglich gleich erschossen worden war. Unsere Schüler legen dann Blumen für die Ermordeten nieder, rezitieren Gedichte, spielen ein Stück auf einem Instrument, der Schulchor singt; wir sorgen auch dafür, dass die Stolpersteine gepflegt werden. Das ist uns wichtig.

Unsere Schüler sind von solchen Schicksalen berührt, man merkt es ihnen an. Und doch halte ich es für möglich, dass in dem einen oder anderen Elternhaus weiterhin selbstverständlich antisemitisch geredet wird. Der Berliner Psychologe Ahmad Mansour erzählte in einem Interview die Geschichte, wie er eine Gruppe deutscharabischer Jugendlicher aus der Hauptstadt ins ehemalige Konzentrationslager Auschwitz begleitete. Es war eine

Fahrt über mehrere Tage, man setzte sich sehr intensiv mit dem Holocaust auseinander. Die Jugendlichen waren ehrlich erschüttert und betroffen. Am letzten Tag der Reise besuchte man gemeinsam den Lagerteil Auschwitz-Birkenau, wo die Gaskammern gestanden hatten. Dort traf man auf eine Gruppe israelischer Jugendlicher, die selbstbewusst und singend mit Israelfahnen durch Birkenau liefen. Nicht Opfer, sondern stolze Überlebende eines Völkermordes, die sehr deutlich machen, dass ihnen als Volk so etwas nie wieder geschehen werde, weil sie nun mit Israel einen wehrhaften Staat und eine starke Armee haben. Die Vaterlandsliebe war unübersehbar und unüberhörbar. Die Berliner Jugendlichen mit arabischem Hintergrund erstarrten. «Das war eine schwierige Situation», erzählte Mansour. «Danach gehen sie womöglich in die Moschee, in soziale Medien oder in ihre Familie und hören ganz andere Dinge. Die Sache ist komplex.»

Tatsache ist: Der Einfluss des Elternhauses ist stärker als der Einfluss der Schule. Was die Eltern sagen, hat ein anderes Gewicht als das, was eine Lehrerin oder ein Lehrer sagt – selbst wenn die das Gesagte hundertmal wiederholen. Im Verhältnis zur eigenen Familie sind Lehrer nachrangige Personen. Das ist manchmal für Pädagogen eine bittere Erfahrung. Man sollte sich als Schule nicht davon täuschen lassen, dass womöglich Eltern wenig aktiv in Schulgremien sind, kaum bei Elternabenden auftauchen oder sich überhaupt nur selten auf dem Schulgelände blickenlassen. Für uns Schulen sind das abwesende Eltern. Aber im privaten Familienleben sind gerade diese Familien oft meinungsstark und haben traditionelle Werte, die sie ganz klar auch in der nächsten Generation leben und durchsetzen wollen.

Aber was können Schulen dann – in Fällen wie den oben geschilderten – tun, wenn das Wort der Eltern, der Familien mehr gilt als das der Lehrer? Man kann im Schulalltag sehr wohl einwirken, allerdings womöglich weniger mit Worten als mit kontinuierlichen, gelebten Umgangsformen. Nehmen wir die Gleichberechtigung von Geschlechtern. Möglich wäre es, eine Unterrichtsstunde zur Geschichte der Frauenbewegung abzuhalten, eine fächerübergreifende Unterrichtseinheit, gar eine Projektwoche. Das ist nicht schlecht, aber die Wirkung ist vermutlich begrenzt. Wenn ich dagegen in der Lehrküche deutlich mache, dass alle die gleichen Aufgaben haben, ob kochen, abwaschen, den Boden am Ende putzen oder den Müll rausbringen, dann setze ich ein Zeichen. Auch wenn ich dafür sorge, dass die Schüler genauso wie die Schülerinnen die Tische in der Mensa abwischen und den Boden aufkehren. Es ist eine Aufgabe der Schule, solche Arbeiten gleichberechtigt zu verteilen. Genauso wie wir dafür sorgen, dass die jungen Männer, die bei uns Schüler sind, so respektvoll mit ihren Lehrerinnen reden wie mit den Lehrern. Wir erleben immer wieder, dass Schüler oder auch Väter sich unangemessen mit Lehrerinnen auseinandersetzen. Das lassen wir als Schule nicht zu.

Das gilt genauso für das Thema Gewalt. Wir merken natürlich, dass es unter den Schülern unterschiedliche Vorstellungen davon gibt, wann Gewalt eingesetzt werden darf. Und manchmal signalisieren uns auch die Elternhäuser, dass in irgendeinem Falle Gewalt berechtigt gewesen sei, weil die Tochter oder der Sohn von einem Mitschüler oder einer Mitschülerin beleidigt wurde. Dann machen wir immer wieder deutlich, dass unsere Rechtsordnung in Deutschland anders ist. Hier gibt es das Gewaltmonopol des Staates, hier darf keiner einen anderen verprügeln, weil er meint, das sei jetzt angebracht. Man kann da als Schule Grenzen setzen. Aber um wirklich etwas zu verändern, braucht es einen langen Atem. Wer glaubt, eine Projektwoche Antigewalt im Jahr reiche, der ist naiv. Es muss von der ersten bis zur letzten Schulklasse Gewalt sofort sanktioniert werden. Alle Schulen, auch alle Schultypen müssen da an einem Strang ziehen.

Solchen Haltungen sofort entgegenzutreten, sobald sie auftauchen, ist elementar, will man Schüler beeindrucken. Ich habe in den über vierzig Jahren kaum Schüler kennengelernt, die nicht auf Erziehung reagiert hätten. Also sollte man klare Signale setzen. Das gilt auch für aufkeimenden Antisemitismus. Sollte «Jude» als Schimpfwort benutzt werden oder gar jemand drangsaliert werden, weil er jüdischen Glaubens ist, dann müssen Erzieher, Lehrer, Schulleitung sofort dagegen einschreiten und klarmachen, dass so ein Verhalten in der Schule nicht toleriert wird. Oder auch wenn eine Mitschülerin oder ein Mitschüler offen mit der eigenen Homosexualität umgeht. Das muss von der restlichen Schulgemeinschaft respektiert werden. Es darf kein Mobbing daraus folgen, keine sonst wie geartete Form der Belästigung. Daran müssen sich alle halten.

Wenn man auf Dauer so handelt, wenn man solche Dinge ein bisschen ritualisiert, dann kann das durchaus ein Schülerverhalten im besten Sinne prägen. Und dennoch, man muss es immer wieder sagen, sollte man den Einfluss der Schule nicht überschätzen, denn ich kann in den Kopf des Schülers nicht hineinschauen. Natürlich habe ich die Hoffnung, dass sich – wenn man konsequent bleibt – auch im Denken des Schülers auf lange Sicht etwas verändert. Aber es gibt da noch viele andere Faktoren, die wir nicht beeinflussen können. Deshalb wäre schon viel gewonnen, wenn man überhaupt in der Schule eine Ritualebene schafft, die bei Dingen, die uns als Gesellschaft wichtig sind, greift.

Aber es ist genauso wichtig, dass die Schülerin und der Schüler das eigene Elternhaus nicht ständig in Frage gestellt sieht. Wir können manchen unserer Schüler nicht andauernd die Botschaft vermitteln, dass ihre Familien zu Hause das falsche Leben leben, womöglich sogar ein «rückständiges». Es gibt eine gewisse Ungleichzeitigkeit in unseren Klassenzimmern, die kein Lehrplan beheben kann. Bei uns in Berlin ist im «Handlungsrahmen Schulqualität» festgeschrieben, dass beispielsweise «Gender Mainstreaming» zur Schulkultur gehört. Wir sollen der «Geschlechterrollenzuschreibung» entgegenwirken. Aber für viele unserer jungen muslimischen Schülerinnen, egal wie gut sie in der Schule sind, ist das nächste Ziel die Ehe und die Mutterschaft. So wird es ihnen zu Hause vorgelebt, dieser hohe Stellenwert wird ihnen von ihren wertekonservativen Familien vermittelt. Meiner Erfahrung nach beherrschen diese jungen Frauen fast perfekt die Kunst des Weghörens, wenn ihnen ein Thema missfällt. Das rauscht dann einfach durch. Da hilft auch nicht ständiger Aktivismus und Alarmismus.

Wir dringen oft einfach nicht durch. Wenn beispielsweise hier in Berlin die Schulinspektion im Rahmen ihrer Besichtigung älteren Schülern folgende standardisierte Frage zum Schulklima stellt: «Wir setzen uns alle dafür ein, dass Menschen unterschiedlicher sexueller Orientierung an unserer Schule akzeptiert werden.» Dann kann es an manchen Schulen passieren, dass mindestens ein Drittel der Schüler bei der Befragung weder «trifft zu» oder «trifft eher nicht zu» ankreuzt, sondern die Antwort schlicht verweigert. Vielleicht weil sie über das Thema Sexualität nicht nachdenken wollen oder glauben, dass sie das nicht dürfen. Oder weil es womöglich für die Befragten nur eine anerkannte Sexualität gibt: die heterosexuelle in der Ehe, und sie schon alle anderen Gedanken unanständig finden. Daran, dass sie so denken, werden wir in der Schulzeit vermutlich wenig ändern können.

Deshalb müssten wir uns als Schule klarer überlegen, was für uns Grundfesten sind, die wir unabdingbar, unverhandelbar finden: gelebte Gleichheit der Geschlechter, praktizierte Gewaltfreiheit und eine unmittelbare Reaktion auf jede Form von Rassismus, Antisemitismus oder überhaupt Mobbing.

Wir können die Schüler nur dort abholen, wo sie stehen. Permanent gegen die Elternhäuser anzukämpfen, ist kein Weg, der zum Erfolg führt, auch wenn manche Lebensart einem sehr fern ist. Wer das als Schule nicht akzeptiert, wird sich an einer Unmöglichkeit abarbeiten: die bessere Mutter, der bessere Vater zu sein. Diese Rolle einzunehmen, wird uns nicht gelingen.

Es gibt einen gewissen Druck, auch gerade aus der

Politik, Missstände, die in der Gesellschaft oder gar in der Welt auftreten, so angehen zu wollen, dass man zwar kein eigenes Fach dafür einführt, aber es zumindest zu einem fächerübergreifenden Unterrichtsinhalt macht.

Doch das hat Grenzen, denn die Schule ist kein gesellschaftlicher Reparaturbetrieb. Schülerhirne sind zudem keine Tabula rasa, in die wir unsere Ideen und Vorstellungen nach Belieben hineinpflanzen können – und dann düngen wir mit fächerübergreifenden Themen und Projekttagen nach, in der Hoffnung, dass die nun von uns aufgeklärten Kinder diese frohe Botschaft dann in ihre Familien tragen. So funktioniert es nicht. Wir können an der Grundstruktur aus dem Elternhaus, aus der familiären Umgebung meist nicht viel verändern. Mit manchen Schüleransichten werden wir noch eine Weile leben müssen, ob es uns passt oder nicht. Wir sollten bis zu einem gewissen Grad tolerant mit einer anderen Weltsicht umgehen.

Aber auch die Punkte definieren, die für uns elementar sind, um dann ein klares Signal zu setzen: Hier ist Schluss! So ein Verhalten tolerieren wir an unserer Schule nicht. Auch wenn das im ersten Moment ein bitterer Bruch für eine Schülerin oder einen Schüler sein kann.

Wir erleben immer wieder, dass Schüler zurückkehren und sich bedanken. Die sagen dann, ich war damals blöd als Schüler. Ich habe mich verweigert. Trotzdem haben wir nicht aufgehört, mit ihnen zu arbeiten. Die Lehrer, heißt es dann, die haben geredet, die haben geholfen, die haben mit mir geschimpft, mit einem Wort: Die haben sich um mich gekümmert. Auf lange Sicht, erzählen diese ehemaligen Schüler, hätten sie davon profitiert, weil es richtig gewesen sei, Grenzen aufgezeigt zu bekommen. Dadurch hätten sie am Ende doch gelernt, was richtig ist und was falsch. Doch erst im wahren Leben, außerhalb der Schule, konnten sie das erkennen und akzeptieren.

Manchmal dauert es länger

Die 9c erhält an diesem Morgen Besuch von einem ehemaligen Schüler, der seinen Werdegang erzählen will. Eingeladen hat ihn seine frühere Klassenlehrerin, die gleich ahnte, was sie an ihm hatte. «Dass du ein intelligentes Kerlchen bist, das wusste ich schon immer», sagt sie zu ihrem ehemaligen Schüler, der nun 26 Jahre alt ist. Ein Mann, gut angezogen, die Haare top, der dunkle Bart gepflegt, wie man ihn heute trägt. Intelligent ja, «aber ich habe viel Unfug angestellt», berichtet er gleich zu Beginn. Der König der Schule, der «Checker». Weil er eine Ehrenrunde drehen musste, war er in der zehnten Klasse schon volljährig und fuhr mit dem Auto zur Schule. Party machen, das sei damals das Wichtigste für ihn gewesen. Aber auch Provokationen, Respektlosigkeiten besonders gegenüber Lehrerinnen, Prügeleien.

Wir als Schule gaben ihm immer wieder Chancen, sanktionierten, wenn er es zu toll trieb, bemühten uns um ihn, weil wir sahen, was in ihm steckte, zeigten Gelbe, Rote, Tiefrote Karten, das ganze Programm. Wir haben uns wirklich viel mit ihm auseinandergesetzt. Und er? «Am Ende wusste ich, es braucht nur noch einen Tropfen, um das Fass zum Überlaufen zu bringen. Bei mir war es ein ganzes Glas», erzählt er den Schülern. Kurz vor dem Mittleren Schulabschluss flog er von der Schule, es ging einfach nicht mehr anders.

War das richtig? Es ist nie richtig, jemanden aus der Schule zu schmeißen – aber er war volljährig, hatte die Schulpflicht erfüllt und einen Hauptschulabschluss in der Tasche. Es war keine einzelne Verfehlung, es war eine lange Kette. Niemand muss bei uns gehen, weil er mal Mist baut oder ein paar Mal zu spät kommt. Aber es war, wie er es selbst im Nachhinein unseren Schülern beschreibt, bei ihm ein ganzes Glas, das alles zum Überlaufen brachte. Er hatte einfach schon länger das Gefühl, auf niemanden mehr hören zu müssen. Er war ja der Größte.

Dazu kommt, eine Schule ist eine Gruppenveranstaltung. Da braucht es immer ein gewisses Abwägen. Wenn eine Schülerin oder ein Schüler völlig über die Stränge schlägt, hat das natürlich auch Auswirkungen auf die Mitschüler. Hier guckt jeder auf den anderen. Und wenn nun einer Riesenärger macht und allen signalisiert, dass ihm eigentlich alles egal ist, aber es hat keine Konsequenz, welches Signal empfangen dann die anderen? Die fragen sich schnell: Warum nehme ich mir nicht auch heraus, was der sich herausnimmt? Warum komme ich nicht auch drei Stunden später und gehe zwei Stunden früher? Unser Schüler machte damals sehr deutlich, was er von der Schule hielt. Nicht viel. Also haben wir gedacht, womöglich ist jetzt die Praxis für ihn besser. Dass er den schützenden Raum der Schule verlässt und als junger Erwachsener wirklich auf eigenen Beinen steht. Und im besten Falle sein Verhalten ändert, weil er endlich begreift, wie wichtig eine Ausbildung ist.

So fand er sich auf einmal ohne Schulplatz und ohne Mittleren Schulabschluss wieder. Keine Schule wollte ihn jetzt noch nehmen, er war ja nicht mehr schulpflichtig. «Ich war allein.» Ein böses Erwachen. Er rief beim Jobcenter an. Was er denn werden wolle? «Da habe ich gedacht, ich bin Araber. Was werde ich? Natürlich Automechaniker.» Aber auf ihn mit seinem Hauptschulabschluss hat in der Branche niemand gewartet; in zwei Jahren könne er womöglich einen Ausbildungsplatz bekommen, sagt ihm der Sachbearbeiter. Bis dahin wird er in einer «Maßnahme» geparkt. Er malt dort Bilder von Autos, fast wie im Kindergarten, einfach, um beschäftigt zu werden. Ein absurder Zustand – er ist jung, kraftvoll und intelligent, er sitzt auf dem Startblock in sein Leben, malt Bildchen, die Zeit verrinnt, und keiner will ihn.

Da weiß er, er muss handeln. In einem Kolleg holt er den Mittleren Schulabschluss nach, die Prüfung findet irgendwo tief in Marzahn statt. Er schaut unsere Schüler an, ganz verschiedene Hautfarben sitzen im Raum, grinst und sagt: «Ich darf das ja sagen, da kamen wir – dreißig Kanaken – in diesen Prüfungsraum in Marzahn, und die Lehrer dort haben uns gleich gehasst.» Es gibt keine Unterstützung bei der Prüfung, keine Hilfe. Trotzdem besteht er, danach holt er das Abitur an einem Oberstufenzentrum nach.

Richtig zu lernen und die nötige Disziplin habe er bei uns gelernt, sagt er heute. Auch wenn es damals nicht gleich gefruchtet hatte. Auch wenn er es nicht sofort zu schätzen wusste. Aber danach, als klar war, jetzt ist er allein auf sich gestellt, da hat unsere Erziehung gegriffen. Und die seines Elternhauses – er hat gute Eltern, die sich zwar kümmerten, aber die nie richtig in Deutschland angekommen sind und deshalb kaum Deutsch sprechen. Ihr Sohn bekam früh die mächtige Rolle des Vermittlers zwischen den Welten zugeteilt, übersetzte offizielle Schreiben, begleitete zu Terminen bei deutschen Behörden, übersetzte auch bei uns während der Elterngespräche. Er wusste also, was es heißt, Verantwortung zu übernehmen. Und bei uns hat er am Ende doch den Wert von Bildung begriffen – auch dass man sich dafür anstrengen muss. «Ihr müsst es euch so vorstellen», erklärt er den Schülern rückblickend seine Schulerfahrung bei uns, «ihr seid als Fußballer bei Real Madrid. Das ist eure Mannschaft. Und später wechselt ihr zu Hertha BSC oder Union. Wer einmal Real gespielt hat, für den ist Berlin ein Klacks.»

Und heute? Studiert er Wirtschaftsingenieurwesen, steht kurz vor seiner Bachelorarbeit und arbeitet als Werkstudent für einen großen süddeutschen Autokonzern. «Die sind total pingelig dort, total penibel, total deutsch.» Aber eben diese Genauigkeit sei die wirtschaftliche Stärke dieser Konzerne, das begreife er jetzt. Die Pünktlichkeit und Verlässlichkeit, die ihm bei uns antrainiert wurde, helfe ihm sehr. In Berlin lebt er längst nicht mehr, er ist herumgekommen. «Wenn ihr weiterkommen wollt, müsst ihr Sprünge machen», ermutigt er die Schüler.

Am Ende muss man sagen: Er hat diesen Moment des rock bottom, des absoluten Tiefpunkts, gebraucht, um zu erkennen, was ihm wirklich wichtig ist im Leben. Es war hart für ihn, auch sehr hart für seine Eltern. Aber er hatte die Struktur, um weiterzukommen. Es klappt nicht immer beim ersten Mal – darum betonen wir: Jeder kommt ans Ziel. Der Weg ist nur nicht immer direkt.

Selbst wenn ein Schüler scheinbar das Ziel nicht erreicht, wenn er im schlechtesten Fall ohne Abschluss bleibt, heißt das noch nicht, dass die Schule keine Wirkung gezeigt hat. Auf längere Sicht kann sich die pädagogische Mühe doch bemerkbar machen. Deshalb sollte man so lange wie möglich dranbleiben und niemanden vorzeitig aufgeben. Sich immer wieder auseinandersetzen mit den Schülern, ihnen ein Fehlverhalten vor Augen halten, mit ihnen reden, sie reflektieren lassen, was geschehen ist, indem sie alles aufschreiben und selber Wege aufzeigen, die herausführen können. Und darauf vertrauen, dass der Knoten irgendwann platzt, selbst wenn es nicht in der eigentlichen Schulpflichtphase ist, sondern erst später.

Es gibt das berühmte Gelassenheitsgebet, man möchte es gerne auch auf die Schule anwenden: «Gott, gib mir die Gelassenheit, Dinge hinzunehmen, die ich nicht ändern kann, den Mut, Dinge zu ändern, die ich ändern kann, und die Weisheit, das eine vom anderen zu unterscheiden.» Wir als Pädagogen und als Schulleitung sollten entschlossen gegen Dinge vorgehen, die wir auf keinen Fall auf unseren Schulhöfen, in unseren Klassenzimmern haben wollen. Da sollten wir kraftvoll und sofort handeln, nicht jeder für sich, sondern gemeinsam. Dafür könnten wir in anderen Bereichen den gesellschaftspolitischen Aktionismus zurücknehmen, der ohnehin nur einen Teil der Schülerinnen und Schüler erreicht, um uns wieder stärker auf das zu konzentrieren, was im Mittelpunkt von Schule stehen sollte: das Lernen.

Die Ganztagsschule soll alles retten

Doch der Weg der Bildungspolitik scheint momentan ein anderer zu sein. Immer wieder in meinen vielen Jahren als Lehrer und Schulleiter habe ich erlebt, dass eine Schulreform oder eine neue Schulart nun die Lösung aller Probleme bringen sollte. Ob nun die Kiezschule, die Gesamtschule, die Gemeinschaftsschule, die Zusammenlegung der Haupt- und Realschule. All diese Reformen sind von hohen Erwartungen begleitet gewesen. Wenn wir diese eine Sache flächendeckend einführen, diese eine Sache ändern, dann wird alles gut. Die neueste Heilserwartung heißt: Ganztagsschule.

Der Anteil der Ganztagsschulen steigt stetig, bundesweit nahmen im Schuljahr 2017/18 knapp 3,2 Millionen Schüler am Ganztagsangebot teil. Bundesländer wie Sachsen oder Hamburg haben ihre Schulen fast komplett auf gebundene und offene Ganztagsschulen umgestellt, Berlin ist auch sehr weit vorne. Damit sei eine bessere Vereinbarkeit von Familie und Beruf gegeben. Natürlich ist es für arbeitende Eltern beruhigend zu wissen, dass der jugendliche Nachwuchs auch nachmittags betreut wird, auch wenn sie – anders als bei Grundschulkindern – nicht mehr wirklich darauf angewiesen sind.

Doch während der Schulschließung wegen der Corona-Pandemie hat sich gezeigt, dass dieses ausgebaute Dauer-

Betreuungsangebot von Kita bis zur weiterführenden Schule einen Preis hat. Es fehlt Eltern zunehmend die Alltagspraxis mit ihren Kindern. Nun waren plötzlich Schulen und Kitas geschlossen, die Arbeit war nach Hause verlagert worden und da hockte man erbarmungslos aufeinander. Eine Studie der Universität Hildesheim und der Goethe-Universität in Frankfurt am Main befragte ab März 2020 rund 25000 Eltern, wie es bei ihnen zu Hause läuft. Und spricht von «konfliktbehafteten Belastungsproben», die nun beim Homeschooling durchlebt werden mussten. «Bei einigen Eltern gibt es da auch wenig Übung, weil die Kinder vielleicht bisher in der Ganztagsbetreuung waren und dort ihre Hausaufgaben gemacht haben – da müssen sich die Eltern jetzt auf eine völlig neue Situation einstellen», berichtet die Sozialpädagogin Severine Thomas, die Mitautorin der Studie. Die Eltern haben also kein Verhältnis mehr zur Schule, ihnen wurde bislang alles abgenommen. Wollen wir das wirklich?

Dazu kommt: Der Ausbau der Ganztagsschule beginnt zu einem ungünstigen Zeitpunkt. Wir haben ja noch nicht einmal genügend Lehrer, Pädagogen, Erzieher, um die Kernunterrichtszeit der Schulen gut zu besetzen. Überall in Deutschland fehlen momentan ausgebildete Lehrer, die Zahlen sind dramatisch. Seiteneinsteiger, die im besten Falle für das Fach qualifiziert sind, aber meist über keinerlei pädagogische Ausbildung verfügen, sollen Entlastung bringen. Und es sind ja nicht nur die Lehrer, die fehlen. Sozialpädagogen oder Erzieher werden genauso dringend gesucht, dazu viele andere, die inzwischen an den Schulen in «multiprofessionellen Teams» aushelfen sollen.

Es wirkt, als durchleide man eine Dürre und wolle trotzdem einen riesigen Wasserfreizeitparkt ausbauen. «Mehr Schule wagen», diese Parole gaben 2017 mehrere einflussreiche Stiftungen im Schulbereich zum Thema Ganztagsschule heraus – und dieses «mehr» ist tatsächlich wörtlich quantitativ gemeint. «Sicherstellung der Unterrichtsversorgung, gleichzeitiger Ausbau von Ganztagsschulkapazitäten und Steigerung der Qualität des ganztägigen Lernens sind kein Nullsummenspiel», schreiben die Autoren Klaus Klemm und Dirk Zorn in ihre Bertelsmann-Studie «Gute Ganztagsschule für alle». Vorausgesetzt, heißt es dort, man wolle bis zum Jahr 2025 eine bundesweite Versorgung mit Ganztagsschulen auf achtzig Prozent ausbauen, brauche man 47 600 zusätzliche Pädagogen. Davon sollten 31 400 Lehrkräfte sein und 16 200 «sonstige Pädagogen». Bislang gibt es keine verlässlichen Zahlen, wie viele Lehrer in Deutschland in den nächsten Jahren fehlen werden. Die Prognosen liegen um viele Tausende auseinander, je nachdem, wer gerade rechnet. Aber zumindest in einem Punkt sind sich alle einig: dass der Lehrermangel mindestens bis 2030 anhalten wird. Und in diesem Zeitraum sollen noch weitere Zehntausende Lehrer einfach so aus dem Hut gezaubert werden?

Sehe ich die jungen Kollegen, die jetzt in den Lehrerberuf einsteigen, dann ahne ich, die werden sehr lange arbeiten müssen. Als ich Ende der 70er Jahre in Kreuzberg meine Lehrerlaufbahn begann, kam es häufiger vor, dass Lehrer mit fünfundfünfzig Jahren in die Rente gingen. Es ging dann oft wirklich nicht mehr, sie waren ausgebrannt. Wer aber heute anfängt, wird sicherlich bis siebenundsechzig Jahre arbeiten müssen. Deshalb muss gerade für diese jungen Kollegen der Schulalltag erträglich sein. Wir brauchen sie noch sehr lange.

Es nützt doch nichts, auf einer Schulform zu beharren, die wir momentan nicht leisten können – zumindest nicht in der Qualität, die tatsächlich einen Unterschied machen würde. Wer die Ganztagsschule auf Biegen und Brechen durchdrücken will, tut es oft auf Kosten des pädagogischen Personals. Denn dieses muss das Konzept jeden Tag tragen. Wird die Belastung zu groß, melden sie sich krank. Viele Schulen, die auf der Kippe stehen, kämpfen mit einem hohen Krankenstand der Lehrer. Dazu kommt, dass viele Kollegien inzwischen überaltert sind und oft Krankheiten, die einen über Wochen oder Monate aus dem Berufsleben werfen, erst mit fortschreitendem Alter auftreten.

Trotzdem sind die hohen Erwartungen an die Ganztagsschulen ungebrochen. Wenn man nun mehr Zeit habe, so der Tenor, könne man Unterrichtsinhalte ganz anders vermitteln. Raus aus der Schule, hinein ins Leben. Mit der Klasse, der Lerngruppe, dem Kurs ins Museum, zum Gericht, in den Wald, in die Oper. Was bislang besondere Momente im Schuljahr waren, wird zunehmend zum Alltag. Und auch auf dem Schulgelände scheint viel mehr möglich zu werden. Biologie lernt man vor Ort im Schulgarten oder anhand der Tiere im Vivarium, die letzten Mobbingvorfälle werden im schuleigenen Filmstudio künstlerisch verarbeitet, Arbeitsgemeinschaften führen Schüler an Instrumente oder fremde Sprachen heran. Schule soll mehr sein als ein Lernort. Schule soll zum Lebensort werden.

Die Frage der Schulleistung spielt dagegen eine eher untergeordnete Rolle. Natürlich will man auch die grundsätzlich verbessern, aber im Vordergrund steht nicht, dass mehr oder gründlicher gelernt wird, sondern anders. Freier. Schule soll aus einem strengen Zeitkorsett befreit werden, hin zum «rhythmisierten Unterricht», einer Form, bei der in größeren Zeitblöcken gedacht wird, um anders, oft spielerischer, mit den Schülern arbeiten zu können. Bislang, das steht auch in einer Studie zur Entwicklung von Ganztagsschulen, gebe es trotz des Besuches von Förderangeboten «keinen messbaren Effekt auf fachliche Leistung». Sprich: Wir bauen die Ganztagsschulen aus, doch die Schülerleistungen bleiben weiterhin schlecht.

Warum also diese Begeisterung trotz ernüchternder Realität? Dahinter steckt die gesellschaftliche Hoffnung, in der Schule auf die Kinder und Jugendlichen endlich einen noch besseren Einfluss zu haben. Jetzt können die Verhaltensweisen viel länger eingeübt werden, die man bei manchen Schülern vermisst – Toleranz, Gewaltfreiheit, Empathie. Der Kinderpsychologe Michael Winterhoff schreibt in seinem Buch «Deutschland verdummt»: «Da viele Kinder zu Hause nicht mehr die notwendige Orientierung erfahren, ist die Ganztagsschule im Prinzip der richtige Weg.» Auch wenn er kritisiert, dass Nachmittagsbetreuung, die oft von externen Trägern organisiert wird, viel zu häufig «chaotisch» ablaufe, zu wenig verzahnt mit der Lehrerschaft, scheint alles besser zu sein als zu Hause. Es gilt abgewandelt das Motto der Bremer Stadtmusikanten: Etwas Besseres als das Elternhaus finden wir allemal – in der Ganztagsschule. Interessanterweise weist das

Gymnasium den schwächsten Anteil an Ganztagsschulen auf, unsere leistungsstärkste Schulform. Hier müssen die Kinder offenbar nicht ganz so dringend vor ihrem Elternhaus gerettet werden wie in anderen sozialen Schichten.

Wir beurteilen in der Schullandschaft vieles aus der bildungsbürgerlichen Perspektive, daraus speisen sich unsere Idealvorstellungen. Der Mensch, der mit spielerischer Wissbegier an die Welt herantritt. Das wissbegierige Kind, das kaum erwarten kann, die Welt zu entdecken, das aus sich selbst heraus den Drang verspürt, zum reichbebilderten Lexikon im Klassenraum zu greifen, um etwas zu verstehen oder digital zu recherchieren. Es gibt diese Kinder, keine Frage. Aber sie sind eher die Ausnahme als die Regel. Die vielen Klassen- und Schulbibliotheken, die ein trauriges, verstaubtes Dasein fristen, zeugen davon. Ein schlechter Ganztagsbetrieb verwaltet routinemäßig den Nachmittag der Schülerinnen und Schüler. Wie so oft werden für das Projekt «Ganztag» Pilotschulen vorgestellt, Leuchtturmprojekte, Schulpreisgewinner. Doch viele Schulen werden mit solchen Erwartungen überfordert – es fehlt schlicht an Personal, an Räumen, an Möglichkeiten für eine qualitativ gute Ganztagsschule.

Machen wir doch erst mal die Schule gut, die wir haben. Meiner Erfahrung nach lernt man am meisten im Unterricht. Die Zahl der Unterrichtsstunden, die ich in Kernfächern wie Deutsch oder Mathematik zur Verfügung habe, ist begrenzt. Sie vermehren sich auch nicht durch die Ganztagsschule, besonders nicht, wenn er ein freiwilliges Angebot ist. Und man muss begreifen: Schule ist für Schüler anstrengend. Sechs, sieben, acht, gar neun Stunden hintereinander erfordern viel Konzentration. Das ist wirklich Arbeit.

Schule – Lernort oder Lebensort?

Unsere Schüler sind ganz froh, spätestens um zwei Uhr das Schulgebäude verlassen zu können – außer sie wollen noch an einer AG teilnehmen. Viele haben nachmittags Pläne, manche wollen Zeit mit Freunden verbringen, andere spielen im Fußballverein, gehen mindestens drei Mal die Woche zum Training. Deutschland ist traditionell ein Vereinsland. Natürlich können die Vereine auch in die Schule kommen, aber häufig haben die ihr Gelände, ihre Hallen, ihre Trainer vor Ort. Und dies tut auch der Gesellschaft gut, weil in Vereinen ganz unterschiedliche Menschen aus ganz unterschiedlichen Milieus zusammenkommen.

Gerade wenn die Schüler älter werden, wollen sie Freiräume haben – und die stehen ihnen auch zu. Die Vorstellung, die Jugend weitgehend in der Schule zu verbringen, behagt vielen nicht. Immer unter pädagogischer Aufsicht, permanent gefördert oder gemaßregelt. Und selbst wenn sie nachmittags im kleinen Laden der Eltern oder im Imbiss aushelfen, ist diese Erfahrung so schlecht? Wir müssen mit den Elternhäusern zusammenarbeiten und weniger darüber nachdenken, wie wir deren Anteil im Leben unserer Schüler immer weiter reduzieren. Wer glaubt, er könne die Probleme in unserer Gesellschaft durch Ganztagsschulen lösen, der ist sehr zuversichtlich. Ich bin da skeptisch.

Auch die immer wieder geforderte Wandlung von Schulen, die sich vom Lernort zum Lebensort fortentwickeln sollen, kann man kritisch sehen. Es gibt Orte, da kann ich mich als Jugendlicher gehenlassen. Dort kann ich mich hinfläzen, Musik hören, einen Film schauen, «chillen» wie es heute heißt. Und es gibt Orte, da muss ich mich anstrengen. Den Wechsel zwischen diesen beiden Lebenszuständen braucht jeder Mensch. Wir sollten ihn erst recht Heranwachsenden gönnen. Denn Schule ist nun einmal zuallererst ein Ort positiver Anstrengung. Es geht darum, etwas zu lernen. «Gründliches Wissen und Können», das sollen wir vermitteln. Natürlich darf am Beginn der Schulzeit, in der ersten und zweiten Klasse, das Lernen noch spielerischer sein. Es braucht eine Weile, bis Kinder es schaffen, sich länger zu konzentrieren. Gerade bei den Kleinen gehört Erholung dazu. Aber spätestens ab der dritten Klasse sollte der Unterricht selbst im Vordergrund stehen.

Die Schule sollte wieder als Ort des Lernens verstanden werden. Das ist unsere Kernaufgabe. Erst mal sollten wir die Zeit, die wir mit unseren Schülern zur Verfügung haben, gut nutzen. In unseren Schulen sollte Leistung wieder im Vordergrund stehen, nicht nur beim Gymnasium, sondern in allen Schultypen, damit wir Kinder und Jugendliche ausbilden, die unsere Gesellschaft weitertragen können. Und auch damit die Schere zwischen dem Wissen in den einzelnen Schultypen nicht zu weit klafft. Sonst bekommen wir am Ende eine Bildungselite, in der Abiturienten von Hochleistungsgymnasien locker eine mathematische Kurvendiskussion führen können oder freihändig Essays schreiben, während viele Haupt- und Realschüler wie in der neuesten PISA-Studie daran scheitern, einen Sachtext von einem Kommentar zu unterscheiden, weil sie das Gelesene schlicht nicht mehr verstehen. Das kann nicht die Idee einer bildungsgerechten Gesellschaft sein.

Der Spaß kann im Lernprozess natürlich eine Rolle spielen. Aber er kommt mit dem Wissen. Man freut sich, dass man etwas begriffen hat. Wenn ich als Schüler merke: Ich habe etwas gelernt. Ich kann etwas, das ich vorher nicht konnte. Der Spaß steht dann nicht mehr am Anfang, sondern am Ende, als Belohnung. Vertrauen wir einfach wieder der Kraft der Leistung. Das Ergebnis wird nicht für alle gleich sein. Aber mehr lernen als jetzt können die meisten unserer Schüler allemal. Sie haben das Zeug dazu. Jeder soll so gut werden, wie es ihr oder ihm möglich ist, damit sie oder er später einen Platz in der Gesellschaft findet.

Dafür sollten aber die Abschlüsse wirklich einen tragenden Wert haben – egal ob Hauptschulabschluss oder Abitur. Das heißt, dass dahinter ein gründliches Wissen und Können stehen muss, das in den vielen Schuljahren von Beginn an bis zum Ende erworben wurde. Entscheidend ist die Frage: Haben die Schüler wirklich etwas gelernt? Haben sie echte Kenntnisse erworben? Damit sie danach ein unabhängiges Leben führen können, ob als Putzfrau oder Professorin, als Paketbote oder Pilot. Wer aus eigener Kraft sein Leben gestaltet, verdient immer unseren Respekt, egal an welcher Stelle. Alle Berufe sind ehrenhaft, jeder wird gebraucht. Das ist die alte Arbeitertugend, sie hat dieses Land weit gebracht. Gute Bildung ist die Grundlage dafür. Sie ist die beste Chance für unsere Schüler – und nicht selten auch die einzige.

Und wieder ein Anfang

Die Grundschüler steigen auf unseren Schulturm, über eine knarzende Holzstiege, immer höher hinauf. Es ist eng, alt und staubig. Zum Glück hat niemand von den Sechstklässlern Höhenangst. Sie sind hier, um sich unsere Schule anzuschauen, sie kennenzulernen. Nun durchklimmen sie die letzte Luke, stehen ganz oben im Turmraum und schauen durch die Panoramafenster weit über den Berliner Süden. Alle drängen sich dort, wo sich dieser Ausblick bietet, man sucht, erkennt und zeigt sich gegenseitig vertraute Orte – den S-Bahnring hier, den Steglitzer Bierpinsel dort, eine eigenwillige Architektur der 70er Jahre, ganz hinten sieht man das gebirgsartige Riesenwohnhaus, durch das in einem Tunnel die Stadtautobahn führt.

Ein Elfjähriger stößt seinen Freund an, zeigt auf ein büroartiges Gebäude in der Nähe: «Guck mal, dadrin ist so eine private Grundschule. Die haben mich damals abgelehnt.» Der Freund lacht.

Mit dem Turmaufstieg endet der Kennlernbesuch bei uns, die Stimmung der Grundschüler ist viel gelöster als noch zu Beginn, vor zwei Stunden. Für viele war es das erste Mal, dass sie eine Schule der «Großen» betraten – obwohl sie bald selbst eine besuchen werden. In wenigen Monaten müssen sie zusammen mit ihren Eltern entscheiden, wie es nach der Grundschule weitergeht. Wo anmelden? Gymnasium oder Sekundarschule? Und wenn Sekundarschule, dann mit oder ohne Oberstufe? Viele sind aufgeregt. Wie wird die Förderprognose der Lehrer ausfallen, wie der Notendurchschnitt? Reicht es überhaupt für die Traumschule? Sie wirken erleichtert.

Warum? Am Beginn des Tages wurden die Sechstklässler durch unsere Schule geführt, durften hinter verschiedene Klassentüren schauen. Begleitet werden sie dabei nur von unseren Schülern – Pädagogen sind beim Rundgang nicht dabei. Unseren Schülern machen diese Führungen Spaß, es melden sich aus allen Klassen immer genügend dafür. Klar, sie haben ja an diesem Vormittag auch kaum Unterricht. Dafür besuchen sie aber den Unterricht verschiedener anderer Klassen. Fünf noch etwas verschüchterte Grundschüler im Schlepptau, zieht unsere erste Truppe mit einem Ablaufplan in der Hand los. Im Dachgeschoss bleiben sie vor einer Tür stehen, es wird sanft angeklopft.

«Das ist die 10d», heißt es flüsternd, alle schlüpfen leise in den Unterricht. ITG heißt das Fach, «Informationstechnische Grundbildung», also Informatik. Der Lehrer berlinert unüberhörbar, mahnend spricht er mit seinen Schülern: «Ihr könnt euren eigenen Laptop mitbringen, aber ick sach euch gleich, ihr müsst vor der Präsentationsprüfung die Anschlüsse in dem jeweiligen Fachraum prüfen.» Die Entschuldigung «Stecker passt nicht» zähle während der mündlichen Präsentation für den Mittleren Schulabschluss nicht. «Macht euch det gleich klar.» Die Schüler in der ersten Reihe müssen für die zarten Grundschüler riesig wirken – 16jährige junge Männer können eine beeindruckende Statur haben. Besonders wenn sie noch einen scharf geschnittenen Undercut tragen, der jetzt gerade modern ist.

Leise geht es wieder raus, eine Etage runter zu den nächsten Fachräumen. Chemie und danach Physik. Überall Formeln. In Chemie der zehnten Klasse geht es um Elektronenaustausch bei chemischen Reaktionen, in Physik um Temperaturformeln. Die Grundschüler stehen ganz hinten im sehr traditionellen Physikraum mit seinen ansteigenden Bänken und beäugen den seltsamen Saal. «Was ist die Einheit für Temperaturdifferenz?», fragt die Lehrerin unerwartet einen der Zehntklässler, der ja eigentlich gerade die Führung leitet. «Kelvin», stottert der.

Alles grinst, er hatte nicht damit gerechnet, sich auch am Unterricht beteiligen zu müssen. Raus geht es, zurück auf den Schulflur, es ist still, doch plötzlich hört man lautstark einen Lehrer hinter einer Klassentür poltern: «Verdammt, ich will doch nur wissen, was 1 % von 48 ist. Das kann doch nicht so schwer sein.» Seine Schüler lachen, irgendwer weiß es offenbar doch und antwortet.

Es ist ganz normaler Unterricht, nichts ist inszeniert. Im Fach Deutsch arbeitet sich eine zehnte Klasse gerade an Ferdinand von Schirachs «Terror» ab. Ein von Terroristen entführtes Passagierflugzeug wird wohl in die vollbesetzte Allianz-Arena rasen, die fanatischen Entführer wollen möglichst viele Menschen töten. Darf ein Kampfjetpilot das Flugzeug mit 164 unschuldigen Passagieren, das sich in der Hand der Terroristen befindet, abschießen oder nicht?

Ein Rollenspiel soll helfen, die Positionen klarzumachen: Angeklagter, Staatsanwältin, Richter, Zeugen. In der Klasse ist man geteilter Meinung, es wird diskutiert, die Grundschüler werden eingeladen mitzumachen und beteiligen sich rege. «Abschießen», sagt einer der Zehntklässler, er spielt den Piloten und ist damit der Angeklagte. «Und wenn deine Mutter im Flugzeug säße?», fragt die Lehrerin. «Dann natürlich nicht.»

Ein halbes Jahr später wird genau diese Lehrerin ihre zehnte Klasse stolz verabschieden, weil fast alle von ihnen den Mittleren Schulabschluss geschafft haben, viele auch mit Gymnasialempfehlung. «Ich werde euch vermissen», wird sie auf der Bühne in der Mensa sagen. Die Abschiedsfeier fällt in diesem Jahr sonderbar klein aus, Eltern und Verwandte dürfen aufgrund von Corona nicht kommen. Trotzdem ist die Laune gut. Und bevor sie die Zeugnisse ausgibt, macht sie noch mal klar, was ihr in den letzten Jahren am wichtigsten war, was sie den Schülern wirklich beibringen wollte: «Dass ihr euch eure eigene Meinung bilden könnt.» Selber denken und diskutieren lernen, anstatt nachzuplappern, was andere vorgeben. Das sei ihr – zusammen mit den Kollegen an unserer Schule – gelungen. «Es war eine verdammt gute Zeit», wird sie ihre Rede enden. Die Schüler werden johlend applaudieren.

Doch das ist noch Monate hin. Die Grundschüler haben an dem Morgen ihre Tour beendet, sie kommen in einem Raum mit unseren Schülern zusammen und können Fragen stellen.

Wie ist das mit den Regeln? Was ist mit Hausaufgaben?

Wie sind die Lehrer hier? Gibt es Mobbing? Findet man am Anfang überhaupt neue Freunde? Unsere Schüler berichten aus dem Alltag, es wird schnell klar, es gibt solche Lehrer und solche. Manche sind bei uns sehr streng, andere weniger. Und ja, um 7.30 Uhr anzufangen sei früh, aber das Schöne sei – spätestens um 14 Uhr sei die Schule für alle zu Ende. «Danach könnt ihr alles machen.» Freizeit!

«Musste einer von euch schon mal eine ganze Woche morgens früher kommen und fegen?», fragt ein Mädchen. Vorne wird gelacht, von unseren fünfzehn Schülern, die befragt werden, hebt fast die Hälfte die Hand. «Bei mir waren es zwei Wochen», berichtet eine unserer Schülerinnen grinsend. Über den Anlass will sie lieber nicht reden. Aber dann sagt sie: «Ich war früher ein Problemkind. In der Grundschule. Ich war faul und so ...»

Ein Problemkind – sie erzählt das ganz beiläufig. Eine Phase im Leben, die vorbeigeht. Kann passieren, schlimm, aber nicht schlimm fürs ganze Leben. Kein Grund, gleich die ganz große Therapiemaschine anzuwerfen. Kein Grund, abgestempelt oder gar aussortiert zu werden.

Nun meldet sich ein Grundschüler, auf den die begleitende Grundschullehrerin schon die ganze Zeit ein waches Auge hatte. Ständig war er mit irgendwas zugange, seiner Wasserflasche, seinem Brustbeutel, auch seinem Sitznachbarn, der zwischenzeitlich sogar samt Stuhl umkippte, woran er auch nicht unbeteiligt war. Die beiden waren in eine kurze Rangelei geraten. Dieser Junge hebt also bedächtig den Arm und stellt seine Frage: «Ist es schwer?»

Ist es schwer? Das alles – die Schule, die Erwartungen, die Abschlüsse. Ist es machbar? Und einen Moment lang wird es sehr still im Raum. Und unsere Schüler schauen ihn an. Man hat das Gefühl, sie wissen genau, worüber er redet. Da sitzt einer, der hat vermutlich nicht die allerbeste Förderprognose, wahrscheinlich liegen seine Kreuze auf dem Sozialzeugnis auch eher im hinteren Bereich. Gibt es dann noch eine Chance – bin ich irgendwo gewollt und gut aufgehoben? Oder abgeschrieben?

«Es ist nicht schwer», sagt einer unserer Schüler. Und seine Mitschülerin, die neben ihm steht, ergänzt: «Wenn du einmal kapiert hast, wie man lernt, ist es nicht schwer. Wirklich nicht.» Man merkt, wie von allen Grundschülern im Raum inzwischen die Anspannung gewichen ist. Wenn die es da vorne schaffen, schaffen wir es auch. Nichts ist glaubwürdiger als das Zeugnis Gleichaltriger.

Und dann strömen sie hinaus, hinaus aus dem Schulportal auf den Perelsplatz, drehen sich nochmals um und winken zum Abschied. Sie alle werden ihren Weg gehen, vielleicht nach diesem Vormittag etwas mutiger und trittsicherer als vorher. Egal ob sie bei uns landen oder woanders. Egal ob sie einen hauptschulartigen Abschluss machen oder Abitur.

Es wird uns nicht immer alles gelingen. Aber wir können viel dafür tun, dass unsere Schülerinnen und Schüler mehr Chancen auf gute Bildung haben. Indem wir wieder ernst nehmen, was die Schule ist: ein Lernort. Und aufhören, sie immer weiter zu überfrachten und zu verkitschen. Zu einem Ort der Selbstwirksamkeitserfahrung, einem Lebensort, einer Lebensgemeinschaft. Das Pathos in vielen pädagogischen Schriften ist inzwischen unerträglich groß. Die Realität scheint da nur noch Nebensache. Aber Schule muss machbar bleiben. Sonst scheitern wir.

Wir haben 430 Schüler, und wir sehen jeden einzelnen von ihnen. Wir wissen von ihren Stärken und Schwächen. Jeden von ihnen wollen wir zum Denken anregen, damit sie ihren Weg finden. Wir nehmen unseren Bildungsauftrag ernst: einen Schüler so weit zu entwickeln, wie es ihr oder ihm möglich ist. Jeder kommt ans Ziel. Das muss unser Anspruch sein – in jedem Schultyp, an jedem Ort in Deutschland, egal ob in der Millionenstadt oder auf dem Dorf.

Literatur

Ein Schloss für Schüler

Jörg Ramseger: Pädagogik durch Architektur ermöglichen, in: Berlin baut Bildung. Die Empfehlung der Facharbeitsgruppe Schulraumqualität. Band 1: Bericht, hrsg. v. der Senatsverwaltung für Bildung, Jugend und Familie, Berlin 2017

Mut zum Wesentlichen

Kompetenzstufenmodell zu den Bildungsstandards für das Fach Deutsch im Kompetenzbereich «Schreiben», Teilbereich «Rechtschreibung» – Primarbereich, hrsg. v. der Kultusministerkonferenz, o. O. 13.2.2013, abgerufen beim Institut zur Qualitätsentwicklung im Bildungswesen, https://www.iqb.hu-berlin.de/bista/ksm (abgerufen am 15. 2. 2020)

IQB-Bildungstrend 2018. Mathematische und naturwissenschaftliche Kompetenzen am Ende der Sekundarstufe I im zweiten Ländervergleich, hrsg. v. Petra Stanat, Stefan Schipolowski, Nicole Mahler, Sebastian Weirich, Sofie Henschel, Münster 2019

PISA 2018. Grundbildung im internationalen Vergleich. Zusammenfassung, hrsg. v. Kristina Reiss, Mirjam Weis, Eckhard Klieme, Olaf Köller, Münster 2019

Werner Klein: Bildungsgerechtigkeit tritt auf der Stelle, 19.11.2019, abgerufen von: https://deutsches-schulportal.de/stimmen/

pisa-2018-bildungsgerechtigkeit-tritt-auf-der-stelle/ (abgerufen am 13.1.2020)

VERA 8. Vergleichsarbeiten in der Jahrgangsstufe 8 im Schuljahr 2015/16. Länderbericht Berlin, hrsg. v. Institut für Schulqualität der Länder Berlin und Brandenburg e.V., Berlin 2016

Empfehlung zur Steigerung der Qualität von Bildung und Unterricht in Berlin. Abschlussbericht der Expertenkommission, hrsg. v. Qualitätskommission zur Schulqualität in Berlin, Berlin 2020, https://www.berlin.de/sen/bjf/service/presse/abschluss bericht_expertenkommission_6-10-2020.pdf (abgerufen am 12.10.2020)

VERA 8 in Baden-Württemberg 2019. Beiträge zur Bildungsberichterstattung, hrsg. v. Institut für Bildungsanalysen Baden-Württemberg, Stuttgart, https://ibbw.kultus-bw.de/site/pbs-bw-new/get/documents/KULTUS.Dachmandant/KULTUS/Dienststellen/ibbw/Systemanalysen/Bildungsberichterstat tung/Ergebnisberichte/VERA_8/Ergebnisse_VERA8_2019.pdf (abgerufen am 12.10.2020)

Schriftliche Kleine Anfrage der Abgeordneten Anna-Elisabeth von Treuenfels-Frowein (FDP) vom 04.07.17 und Antwort des Senats. Betr.: Mathematik und Rechtschreibung in Hamburg – Ergebnisse von KERMIT im Schuljahr 2016/2017, hrsg. v. der Bürgerschaft der Freien und Hansestadt Hamburg, Drucksache 21/9716, Hamburg 11.7.2017

VERA 8. Landesergebnisse für Schleswig-Holstein im Schuljahr 2018/19, hrsg. v. Institut für Qualitätsentwicklung an Schulen Schleswig-Holstein, o. O. 2019

Ilka Hoffmann: VERA – ein Instrument zur Schul- und Qualitätsentwicklung?, in: Kritik an VERA-3, hrsg. v. der Gewerkschaft Erziehung und Wissenschaft Hessen, Frankfurt 2016

PISA 2000. Zusammenfassung zentraler Befunde, hrsg. v. Cordula Artelt, Jürgen Baumert, Eckhard Klieme, Michael Neubrand, Manfred Prenzel, Ulrich Schiefele, Wolfgang Schneider, Gundel Schümer, Petra Stanat, Klaus-Jürgen Tillmann, Manfred Weiß, Max-Planck-Institut für Bildungsforschung, Berlin 2001

Schriftliche Anfrage des Abgeordneten Tommy Tabor (AfD) vom 25. Juni 2019 zum Thema: Berlin: Ergebnisse von VERA 3 im Jahr 2019 und Antwort vom 05. Juli 2019, hrsg. v. Abgeordnetenhaus Berlin, Drucksache 18/20042, Berlin 5.7.2019

Kurzbericht zur Inspektion der Friedrich-Bergius-Schule (07K10) im Schuljahr 17/18, hrsg. v. der Berliner Senatsverwaltung für Bildung, Jugend und Familie, Berlin 1.11.2018

Hans Brügelmann: Vermessene Schulen – standardisierte Schüler. Zu Risiken und Nebenwirkungen von PISA, Hattie, VERA und Co., Weinheim, Basel 2015

Kompetenzstufenmodell zu den Bildungsstandards im Kompetenzbereich «Sprache und Sprachgebrauch untersuchen» für den Mittleren Schulabschluss, hrsg. v. der Kultusministerkonferenz, o. O. 10.12.2014, abgerufen beim Institut zur Qualitätsentwicklung im Bildungswesen, https://www.iqb.hu-berlin.de/bista/ksm (abgerufen am 15.2.2020)

Hans Brügelmann: Unsere Kinder sind keine Rechtschreib-Chaoten, 20.6.2013, abgerufen von: https://www.tagesspiegel.de/wissen/gastbeitrag-unsere-kinder-sind-keine-rechtschreib-chaoten/8376748.html (abgerufen am 13.1.2020)

Aufstieg durch Bildung. Dokumentation der kulturpolitischen Konferenz der Sozialdemokratischen Partei Deutschlands am 29. und 30. August 1963 in Hamburg, hrsg. v. Parteivorstand der Sozialdemokratischen Partei Deutschlands, Hannover 1963

Die Sache mit den Regeln

Handbuch für die Berufseingangsphase, hrsg. v. der Senatsverwaltung Bildung, Jugend und Familie, Berlin 2019

Psychische Belastungen und Burnout beim Bildungspersonal. Empfehlungen zur Kompetenz- und Organisationsentwicklung. Gutachten, hrsg. v. der Vereinigung der Bayerischen Wirtschaft e. V., Münster 2014.

Offener Brief der Oberbürgermeister von Schwäbisch Gmünd (Richard Arnold), Tübingen (Boris Palmer) und Schorndorf (Matthias Klopfer) vom 20. Juli 2020 an den Ministerpräsidenten von Baden-Württemberg Winfried Kretschmann, dokumentiert auf der Seite tübingen.de: https://www.tuebingen.de/Dateien/380_schreiben_obm_anlage.pdf (abgerufen am 1. 8. 2020)

«Die zweite Corona-Welle ist schon da», Interview mit Ministerpräsident Michael Kretschmer mit der Rheinischen Post vom 27. Juli 2020, https://rp-online.de/politik/deutschland/michael-kretschmer-sachsen-ministerpraesident-zu-2-corona-welle-interview_aid-52374359 (abgerufen am 1. 8. 2020)

Lehrjahre im Chaos

Ulf Preuss-Lausitz: Von der Hauptschule zur Restschule, in: Hauptschule, hrsg. v. betrifft:erziehung, Weinheim 1977

Henning Kuhlmann: Klassengemeinschaft. Über Hauptschüler und Hauptschullehrer und den Versuch, herauszufinden, wann Schule Spaß machen könnte, Berlin 1975

Florian Kugel: Quereinsteiger ins Lehramt berichten aus Berlins

Schulalltag, 4.8.2019, abgerufen von: https://www.tagesspie gel.de/berlin/zwischen-himmel-und-hoelle-quereinsteiger-ins-lehramt-berichten-aus-berlins-schulalltag/24863082.html (abgerufen am 13.1.2020)

So geht es nicht weiter!

Jugendliche in Kreuzberg. Lebenszusammenhänge Kreuzberger Jugendlicher zwischen gesellschaftlicher Marginalisierung und subjektiver Abneigung, Materialien Hochschule der Künste 2/81, vorgelegt v. Karl Homuth, hrsg. v. der Presse- und Informationsstelle der Hochschule der Künste Berlin, Berlin 1982

Berlin-Kreuzberg, 1. Mai-Unruhen 1987. Ein Film von Peter Wensierski/Ulrike Michels, abgerufen bei youtube: https://www.youtube.com/watch?v=p4KWHq5lHpk (abgerufen am 15. 2. 2020)

Vielfalt braucht Gemeinsamkeit

Schulsport. Hinweise und Tipps für Schüler und Eltern, hrsg. v. Bayerischen Staatsministerium für Unterricht und Kultus und der Bayerischen Landesunfallkasse, München 2014

Rotraud Wielandt: Die Vorschrift des Kopftuchtragens für die muslimische Frau: Grundlagen und aktueller innerislamischer Diskussionsstand, 14. 4. 2009, abgerufen von: http://www.deutsche-islam-konferenz.de/SharedDocs/Anlagen/DIK/DE/Downloads/Sonstiges/Wielandt_Kopftuch.pdf?__blob=publicationFile (abgerufen am 13.1.2020)

Rolf Schwanitz: Kopftuchverbote für Schülerinnen – zulässig und geboten, in: Aktuelle Entwicklungen im Weltanschauungsrecht, hrsg. v. Jacqueline Neumann, Gerhard Czermak, Reinhard Merkel, Holm Putzke, Baden-Baden 2019

Islam und Schule. Handreichung für Lehrerinnen und Lehrer an Berliner Schulen, hrsg. v. der Berliner Senatsverwaltung für Bildung, Wissenschaft und Forschung, Berlin 2010

Georg Auernheimer: Migration und Bildungsgerechtigkeit in Deutschland, in: Zur Gerechtigkeit im Bildungssystem, hrsg. v. Dietlind Fischer und Volker Eisenbast, Münster 2007

Klaus-Jürgen Tillmann: Viel Selektion – wenig Leistung. Ein empirischer Blick auf Erfolg und Scheitern in deutschen Schulen, in: Zur Gerechtigkeit im Bildungssystem, hrsg. v. Dietlind Fischer und Volker Eisenbast, Münster 2007

Deutschenfeindlichkeit, in: The Kids are alright. Vorschläge für den pädagogischen Umgang mit Positionen und Verhaltensweisen von Jugendlichen im Kontext von Islam, Islamfeindlichkeit und Islamismus, hrsg. v. ufuq.de, Berlin 2019

Teilnahme am Sportunterricht mit Kopftuch?, hrsg. vom Deutschen Sportlehrerverband/Landesverband NRW, abgerufen von: http://www2.dslv-nrw.de/wp-content/uploads/2014/02/3_kopftuch_im_sportunterricht.pdf (abgerufen am 13.1.2020)

Was ist richtig?

Arbeitspapier Lernbegleitung, hrsg. v. Landesinstitut für Lehrerbildung und Schulentwicklung, Hamburg 2012

Handbuch für die Berufseingangsphase, hrsg. v. der Senatsverwaltung Bildung, Jugend und Familie, Berlin 2019

Miteinander

VERA 3 in Baden-Württemberg 2019, hrsg. vom Institut für Bildungsanalysen Baden-Württemberg im Oktober 2019, abgerufen von: https://www.ls-bw.de/site/pbs-bw-new/get/documents/KULTUS.Dachmandant/KULTUS/Dienststellen/ibbw/Systemanalysen/Bildungsberichterstattung/Ergebnisberichte/VERA_3/Ergebnisse_VERA3_2019.pd (abgerufen am 1.8.2020)

Bruno Preisendörfer: Das Bildungsprivileg. Warum Chancengleichheit unerwünscht ist, Frankfurt 2008

Hartmut Ditton: Mechanismen der Selektion und Exklusion im Schulsystem, in: Handbuch Bildungsarmut, hrsg. v. Gudrun Quenzel und Klaus Hurrelmann, Wiesbaden 2019

Jürgen Baumert, Kai Maaz, Marko Neumann, Michael Becker, Hanna Dumont: Die Berliner Schulstrukturreform: Hintergründe, Zielstellungen und theoretischer Rahmen, in: Zweigliedrigkeit im deutschen Schulsystem. Potenziale und Herausforderungen in Berlin, hrsg. v. Marko Neumann, Michael Becker, Jürgen Baumert, Kai Maaz, Olaf Köller, Münster 2019

Jürgen Kaube: Ist die Schule zu blöd für unsere Kinder?, Berlin 2019

Ahmad Mansour: Antisemitismus an Schulen. «Wir brauchen mündige Schüler», 8.4.2018, abgerufen von: https://www.morgenpost.de/berlin/article213949179/Antisemitismus-an-Schulen-Wir-brauchen-muendige-Schueler.html (abgerufen am 13.1.2020)

Akustik in Lebensräumen für Erziehung und Bildung. Richtlinie, hrsg. v. Fraunhofer-Institut für Bauphysik IBP, Stuttgart 2015

Berlin baut Bildung. Die Empfehlung der Facharbeitsgruppe Schulraumqualität. Band 1: Bericht, hrsg. v. der Senatsverwaltung für Bildung, Jugend und Familie, Berlin 2017

Christine Dankbar und Silke Friedrich: «Ein bisschen mutiger könnten wir schon sein», 7.11.2019, abgerufen von: https://www.berliner-zeitung.de/lernen-arbeiten/ein-bisschen-mutiger-koennten-wir-schon-sein-li.811 (abgerufen am 13.01.2020)

Die Grenzen der Schule

Ahmad Mansour: Antisemitismus an Schulen. «Wir brauchen mündige Schüler», 8.4.2018, abgerufen von: https://www.morgenpost.de/berlin/article213949179/Antisemitismus-an-Schulen-Wir-brauchen-muendige-Schueler.html (abgerufen am 13.1.2020)

Handlungsrahmen Schulqualität in Berlin. Qualitätsbereiche und Qualitätsmerkmale, hrsg. v. der Senatsverwaltung für Bildung, Jugend und Wissenschaft, Berlin 2013

«Die Sorgen der Eltern», Interview mit Severine Thomas über die Studie «Kinder, Eltern und ihre Erfahrungen während der Corona-Pandemie» in der Welt vom 29.5.2020. Die Studie selbst findet sich unter: https://hildok.bsz-bw.de/frontdoor/index/index/docId/1081

Klaus Klemm und Dirk Zorn: Gute Ganztagsschule für alle. Kosten für den Ausbau eines qualitätsvollen Ganztagsschulsystems in Deutschland bis 2030, Bertelsmann Stiftung, Gütersloh 2017

Michael Winterhoff: Deutschland verdummt. Wie das Bildungssystem die Zukunft unserer Kinder verbaut, Gütersloh 2019